Otto Weddigen

Geschichte der Berliner Theater

Otto Weddigen

Geschichte der Berliner Theater

ISBN/EAN: 9783743484832

Hergestellt in Europa, USA, Kanada, Australien, Japan

Cover: Foto ©ninafisch / pixelio.de

Otto Weddigen

Geschichte der Berliner Theater

Geschichte
der
Berliner Theater.

Geschichte der Berliner Theater.

In ihren Grundzügen
von den ältesten Zeiten bis zur Gegenwart
dargestellt von
Dr. Otto Weddigen.

Berlin, 1899.
Oswald Seehagen's Verlag
(Martin Hoefer.)

Vorwort.

Als der Verfasser der vorliegenden „Geschichte der Berliner Theater" im Jahre 1894 zur Einweihung des neuen Schauspielhauses in Wiesbaden die auf urkundlichem Material beruhende „Geschichte des Königlichen Theaters in Wiesbaden" veröffentlichte, faßte er, durch den Erfolg seines Buches ermuntert, den Entschluß, ein größeres Werk:

„Geschichte des Theaters in Deutschland"
folgen zu lassen. Des Verfassers eingetretene Uebersiedelung von Wiesbaden nach Berlin bestimmte ihn, als Vorläufer zu jenem größeren Unternehmen zunächst ein kleineres Buch: „Geschichte der Berliner Theater" herauszugeben, von dessen Nutzen für die allgemeine Theatergeschichte er sich überzeugt hält.

Bei seiner nicht mühelosen Arbeit sind dem Verfasser von verschiedenen Seiten freundliche Mitteilungen gemacht worden, wofür er an diesem Platze verbindlichen Dank ausspricht.

Möge die „Geschichte der Berliner Theater", welche sich nach des Verfassers Absicht nur auf Darstellung der G r u n d z ü g e, eines Bildes in seinen U m r i s s e n, erstreckt, freundliche Aufnahme finden; unvermeidliche Lücken sollen bei einer neuen Auflage gewissenhaft ausgefüllt werden.

Berlin-Charlottenburg, Oktober 1898.

Dr. Otto Weddigen.

Inhalt.

Vorwort V
Inhaltsverzeichnis VII
Quellennachweise XI

Kapitel I: Die Anfänge des theatralischen Lebens in Berlin (15.—17. Jahrhundert)
   Die Zeit des 30jährigen Krieges und des großen Kurfürsten 1
   Junker Hans von Stockfisch, der erste deutsche Hofschauspielerprinzipal 6
   Schuldramen 8
   Die Wanderbühne 9
   Sebastian di Scio 10
   Johannes Velten und seine Reformen 11
   Kampf der Geistlichkeit gegen das Theater . . . 12

Kapitel II: Das Theater unter den Königen Friedrich I., Friedrich Wilhelm I. und Friedrich II. (1700—1786)
   Die Zeit König Friedrichs I. 13
   Die Zeit König Friedrich Wilhelms I. 15
   Die Zeit König Friedrichs II.: Das Königliche Opernhaus, die italienische Operette in Potsdam, das französische Theater im Berliner Schlosse . . . 16
   Das Königliche Komödienhaus auf dem Gensdarmenmarkte 21

Eckenbergs und Hilferdings deutsche Schauspieler-
gesellschaften 22
Schönemanns Truppe 23
Lessing in Berlin 24
Das Ackermannsche und Schuchsche Theater 24
Das Theater Döbbelins und Lessings „Minna von
Barnhelm" 26

Kapitel III: Das nationale (deutsche) Theater unter Friedrich Wilhelm II. und Friedrich Wilhelm III. (1786—1840)

Das Nationaltheater oder die Begründung des König-
lichen (deutschen) Theaters unter Döbbelin auf dem
Gensdarmenmarkte 1786 32
Die Direktion des Nationaltheaters unter Engel, Ramler
und von Beyer; Döbbelin als Regisseur 34
Engels Entlassung, Tod Theodor Döbbelins 10. Dezember
1793 34
Jfflands Ernennung zum Generaldirektor 36
Thronbesteigung König Friedrich Wilhelms III. und
Königin Luises 16. November 1797 36
Die große Schauspielerschule: Jffland, Fleck, Frau
Unzelmann u. s. w. 37
Jfflands Tod 1814 39
Ernennung des Grafen Karl von Brühl zum General-
intendanten der Königlichen Schauspiele, 1815—1825 39
Das Königliche Nationaltheater wird fortan ein König-
liches Hoftheater 39
Spontini Generalmusikdirektor der Oper, 1820—43 . . 41
Brand des alten Schauspielhauses am 29. Juni 1817 . 41
Wiederaufbau durch Schinkel und Eröffnung am
27. Mai 1827 42
Königstädtisches Theater, 1824 42
Generalintendanz des Grafen von Redern (1831—42) . 44
Tod Ludwig Devrients 30. Dezember 1832 44

Kapitel IV: Die Königlichen Theater unter Friedrich Wilhelm IV., Wilhelm I. und Wilhelm II.

Generalintendanz Theodor von Küstners (1842—51). . 45
Meyerbeer, Generalmusikdirektor (1843—64) 45
Brand des Opernhauses am 17. August 1843 . . . 46
Wiederaufbau und Eröffnung desselben am 17. Dezember 1844 46
Einführung der Cantièmen für dramatische Schriftsteller 1844 47
Gründung des Bühnenkartellvereins 1846 47
Generalintendanz Botho von Hülsens, 1851—86 . . . 47
Die großen Schauspieler: Ludwig Dessoir, Hendrichs, Theodor Döring; die großen Schauspielerinnen: Auguste Crelinger, Lina Fuhr, Clara Hoppé, Therese Döllinger, Friederike Goßmann, Frau Hedwig Niemann-Raabe, Frau Frieb-Blumauer, Frau von Doggenhuber u. a. 49
Die großen Sänger: Betz, Wachtel, Albert Niemann, Krolop, Rothmühl; die großen Sängerinnen: Jachmann-Wagner, Pauline Lucca, Mallinger, Trebelli, Artôt, Minnie Hauck, Etelka Gerster u. a. 49
Botho von Hülsen erhält auch die Oberaufsicht über die Hoftheater in Kassel, Hannover und Wiesbaden, 1866 49
Generalintendanz des Grafen Bolko von Hochberg 1886 bis zur Gegenwart 50
Feier des 100 jährigen Jubiläums des Königlichen Theaters zu Berlin 1887 50
Thronbesteigung Kaiser Wilhelms II. 15. Juni 1888 . 51
Die Wildenbruchschen Dramen 51
Die übrige moderne Dramatik 51
Die Oper 52
Das Künstlerpersonal 52

Kapitel V: Die übrigen Theater in zeitlicher Reihenfolge

Krolls Theater (jetziges Neues Opernhaus) 56
Berliner Theater (Wallner Theater) 58
Deutsches Theater 60
Friedrich Wilhelmstädtisches Theater 61
Schiller-Theater 62
Central-Theater 63
Belle-Alliance-Theater 64
Thalia-(Adolph Ernst)Theater 65
Residenz-Theater 65
Alexanderplatz-Theater 66
Ostend-Theater (National-Theater) 67
Lessing-Theater 67
Metropol-Theater 69
Neues Theater 69
Das Luisen-Theater 70
Theater des Westens 70
Die freien Bühnen 71

Kapitel VI: Spezialitätentheater.—Schlußbetrachtung

Quellennachweise.

A. Allgemeine:

Essai sur l'histoire du théâtre etc. par Germain Papst. Paris 1893.

M. Creizenach, Theater der englischen Komödianten. Berlin und Stuttgart. (In Kürschners Nat. Litt.)

C. Heine. Johannes Velten, Zusatz der Geschichte des deutschen Theaters im 17. Jahrhundert. Halle 1887.

Klein, Geschichte des Dramas. Leipzig 1885 ff.

Devrient, Geschichte der deutschen Schauspielkunst. Leipzig 1846. 3 Bde.

R. E. Prutz, Vorlesungen über die Geschichte des Theaters. Berlin 1847.

H. Laube, Das norddeutsche Theater. Leipzig 1872.

R. v. Gottschall, Die deutsche National-Litteratur des 19. Jahrh. Breslau 1891 ff. 4 Bde.

Ch. Entsch, Deutscher Bühnen-Almanach. Berlin 1836—1888.

Neuer Theater-Almanach. Berlin 1889—1898.

Histoire universelle des théâtres de toutes les nations par une société de gens de lettres. Paris 1779—80.

Alphonse Roger, Histoire universelle du théâtre. Paris 1869.

A. Röder, 50 Jahre deutscher Bühnengeschichte, 1836—1886. Berlin 1886.

C. Heine, Das Theater in Deutschland. Seine geschichtliche Entwicklung und kulturelle Bedeutung bis zur Gegenwart. Einbeck 1894.

Ad. L'Arronge, Deutsches Theater und deutsche Schauspielkunst. Berlin 1896.

L. Tieck, Deutsches Theater. Berlin 1817. 2 Bde.
G. Th. Rötscher, Seydelmanns Leben und Wirken. Berlin 1845.
F. Milizia, Del teatro. Venezia 1773.
Mercur, Du théâtre. Amsterdam 1773.
F. Haase, Was ich erlebte 1846—1896. Berlin 1898.
C. Heine, Das Schauspiel der deutschen Wanderbühne vor Gottsched. Halle a. S. 1889.
E. Friedel, Die deutsche Kaiserstadt Berlin. Leipzig 1882.

B. Spezielle:

C. M. Plümicke, Entwurf einer Theatergeschichte von Berlin. Berlin 1781.
Die Königlichen Theater in Berlin. Statistischer Rückblick vom 5. Dezember 1786 bis 31. Dezember 1885. Zusammengestellt von Schäffer und Hartmann, Berlin 1886.
A. Schenke, Illustrierter Führer in die Berliner Theater. Berlin 1894.
A. E. Brachvogel, Geschichte des Königlichen Theaters in Berlin. Berlin 1877.
A. Röder, E. Kroll. Ein Beitrag zur Berliner Kultur- und Theatergeschichte. Berlin 1894.
W. Thal, Berlins Theater und die Freie Bühne. Hagen i. W. 1890.
P. Linsemann, Die Theaterstadt Berlin. Berlin 1897.
K. Frenzel, Berliner Dramaturgie. Berlin 1877.
Helene v. Hülsen, Unter zwei Königen. Erinnerungen an Botho von Hülsen. Berlin 1889.
R. Genée, 100 Jahre des Königlichen Schauspiels in Berlin.
Ifflands Berliner Theaterleitung. Berlin 1891.

Kapitel I.

Die Anfänge des theatralischen Lebens in Berlin.
(15.—17. Jahrhundert.)

Später als in anderen deutschen Städten, wie in Nürnberg, Augsburg, Frankfurt a. M., Wien, Leipzig und Hamburg, finden wir in Berlin die ersten Spuren einer Schauspielkunst; später als in jenen Städten ist also der Anfang einer Theatergeschichte in Berlin zu suchen. Und diese Thatsache findet ihre Erklärung darin, daß jene süd- und mitteldeutschen Städte längst eine hohe Entwickelung in der Kultur erreicht hatten, als Kölln-Berlin noch ein bescheidenes Dasein fristete.

Überall aber ist die theatralische Kunst aus denselben Anfängen erwachsen, überall in Deutschland hat das Schauspiel dieselbe Entwickelung durchgemacht; überall haben Bühne und Theater sich aus denselben und primitivsten Anfängen durch fortschreitende Ausgestaltung und Verbesserung zu ihrer gegenwärtigen Höhe entwickelt. Es war ein langer und mühseliger Weg — und wie wenige außer dem Geschichtsschreiber gedenken der tausendfältigen Mühen, unter denen unsere Vorfahren den ersten Samen pflanzten, welchen wir heutigen Tages ausgereift genießen!

Aus dem Triebe der Nachahmung entsprang die theatralische Kunst im weitesten Sinne des Wortes; aus kirchlichen Spielen, welche die Weihnachts-, Passions- und Osterzeit verherrlichten, entstand in Deutschland wie in anderen Ländern das Drama; aus den Kirchenräumen, aus profanen, geschlossenen und aus freien Räumen, wie Schulen, Rathäusern, Schänken oder Markt- und Hofplätzen, siedelte sich nach langen, langen Jahren erst die theatralische Kunst in eigens für sie erbauten Festhäusern an; aus zusammengewürfelten Wandertruppen wurden erst verhältnismäßig spät seßhafte Schauspielergesellschaften von Beruf.

Überall gewahren wir also, daß die Schauspielkunst zuerst auf dem „Thespiskarren" umherfährt, dann sich Buden, hierauf Häuser und endlich Kunsttempel erbaut. Erst streifen die Schauspieler in Banden umher, dann treten sie in Zünften zusammen, hierauf vereinigen sie sich unter einem gemeinschaftlichen Oberhaupt (Prinzipal). Endlich bilden sie eine öffentliche privilegierte Gesellschaft, welcher der Fürst des Landes den wichtigsten Teil der Ergötzungen seiner Unterthanen anvertraut. Abenteuer und Unsinn sind anfangs ein Labsal der Zuschauer, extemporale Possen und Zoten gelten als sinnreicher Witz; dann borgt das deutsche Volk bei fremden Nationen, und endlich versucht es seine eigenen Kräfte an einer geläuterten dramatischen Kunst. Alle diese Entwickelungsstadien hat auch die theatralische Kunst in Berlin durchlaufen, und es verlohnt sich wohl der Mühe, dieselben gleichsam kaleidoskopisch vor unserem geistigen Auge vorüberziehen zu lassen.

Über die Aufführung von sogenannten „Mysterien" in Berlin-Kölln während des Mittelalters wissen wir nichts genaues; ebensowenig von „Fastnachtsspielen", die besonders in Nürnberg beim Volke sehr beliebt waren. Diese älteste Zeit kirchlich-theatralischer Kunst ist für Berlin in Dunkel gehüllt, vielleicht auch nur wenig entwickelt gewesen. Einiges erfahren wir, wenn wir u. a. Plümickes „Entwurf einer Theatergeschichte von Berlin" (Berlin 1781) folgen über hier zur Darstellung gebrachte „Schuldramen".

Schon im 14. Jahrhundert wurden von den Franziskanermönchen des „grauen Klosters" lateinische Komödien aufgeführt, die meist biblischen Inhaltes waren und zum Teil den Pater Ambrosius Helmich, einen gelehrten Mann und nachmaligen Vorgesetzten des Klosters, zum Verfasser gehabt haben sollen. Der damals in Berlin sich aufhaltende und unweit residierende markgräfliche baierische Hof hielt es aber aus unbekannten Ursachen für gut, diese Klosterspiele einstellen zu lassen.

Erst mit der Regierungszeit der Hohenzollern kam die Darstellung dramatischer Erzeugnisse in neuen Aufschwung; freilich sind uns vor dem Anfange des 16. Jahrhunderts keine Urkunden darüber erhalten geblieben.

Aus einem Berichte der sämtlichen Prediger in

Kölln vom 30. Mai 1598 (im Kgl. Staatsarchiv) ist zu ersehen, daß am Palmensonntage in oder bei einem Hause am Dom oder der Dreifaltigkeitskirche ein Spiel „Die Angst und Schmerzen Christi in seinen Leiden" aufgeführt werden sollte, und zwar von Bürgern der Stadt. Das Ministerium aber riet von der Vorstellung ab, „da die geistliche Betrachtung des Leidens Christi dadurch verhindert oder gleichsam in ein Komödienspiel verwandelt werde."

Man kann aus dem Berichte schließen, daß an allen vornehmen Kirchenfesten biblische Stoffe auf die eine oder andere Art sinnlich dargestellt wurden. So war unter anderem bereits 1569 zu Berlin ein „Spiel" gedruckt worden: „Vom heiligen Leiden und Sterben, auch Auferstehung unseres Herrn Jesu Christi 2c.", worin 48 Personen vorkamen.

Außer Zweifel steht es ferner, daß es längst vor Ablauf des 16. Jahrhunderts mehr als eine kleine, umherziehende Schauspielertruppe gegeben hat, welche, besonders wenn sie eine Zeit lang in Sachsen sich aufgehalten hatte, auf einige Zeit die reiche Ausbeute zu benutzen suchte, die ein damals schon so angesehener Ort, wie Berlin es war, gewährte, namentlich von Seiten seines meist dort residierenden kurfürstlich-hohenzollernschen Hofes und seines ihn umgebenden Adels.

Auf der königlichen Bibliothek befanden sich nach Plümicke um 1770 Überbleibsel zweier zusammen gehefteten Verzeichnisse von Komödien der ältesten Zeit; über dem ersten stand die Jahreszahl 1562, das zweite führte als Überschrift: „Im Jahre 1615, als Kurfürst

Johann Sigismund regiert hat." Wir vermögen daraus, daß im ersten Verzeichnis ein sogenanntes „Freudenspiel" mit Rotstift unterstrichen war, schließen, daß von den damals durch Berlin reisenden Schauspielergesellschaften Verzeichnisse ihrer aufzuführenden Stücke bei Hofe eingereicht werden mußten, um sowohl auf ihre Sittlichkeit als ihren allgemeinen Inhalt vorher geprüft zu werden.

Wir haben in diesen ersten Jahrhunderten, abgesehen von den Schuldramen, nur eine Wanderbühne, welche durch das Auftreten der drei Schauspielergesellschaften: 1. der „berühmten Bande" Johannes Veltens; 2. der Neuberschen und 3. der Ackermannschen Truppe bezeichnet wird. Die Wanderbühnen hatten, wenn sie auch vor Velten noch kein festgestaltetes und entwickelungsfähiges Repertoire besaßen, in damaliger Zeit ihr Gutes darin, daß sie, von Stadt zu Stadt, von Land zu Land ziehend, überall das Interesse an theatralischer Kunst wachriefen. „Wie durch die Improvisationen des Harlekins, so erhielt das Drama der Wandertruppe auch durch die Bauart der Bühne eine größere Lebhaftigkeit: durch den Zwischenvorhang (nicht Zwischenaktvorhang), welcher einen raschen Scenenwechsel ermöglichte."

Die Aufführungen fanden in Deutschland und also auch in Berlin, nachdem man über die ersten Anfänge hinweg war, auf einer quadratischen Bühne statt. Die englischen Komödianten brachten darin eine Änderung, daß sie an der Hinterwand der Bühne einen Balkon anbauten, von dem ein Teppich niederhing. War unter dem Balkon, in der „Hütte", der Ankleidungsraum der Schauspieler u. s. w. und bildete der Teppich eine neue Ein- und Ausgangsthür, so diente der Balkon dazu, die Scene von der Hauptbühne an einen anderen Ort zu verlegen. Auf dieser Bühne spielte man bis zu Veltens Zeiten. Dieser Prinzipal erst schuf die Doppelbühne, die Vorder- und Hinterbühne, bis Gottsched, sich an die französische Technik haltend, die Doppelbühne wieder in eine einzige vereinigte. Auch Lessings Bühnenreformen änderten daran nichts; erst um die Mitte des 19. Jahrhunderts hat die fortschreitende scenische Technik den großen Bühnenraum in beliebig viele, kleinere eingeteilt. . .

In den Anfang des 17. Jahrhunderts fällt die Erwähnung des Junkers Hans von Stockfisch (vermutlich ein Beiname, der ihm wegen seiner Vorzüglichkeit in komischen Rollen gegeben wurde). Derselbe, der erste deutsche „Hofschauspielerprinzipal", genoß wegen seiner Schauspielertalente die Protektion des Ministers Adam von Schwarzenberg. Junker Hans von Stockfisch erhielt sogar vom Kurfürsten Johann Sigismund 220 Thaler jährliche „Bestallungsgelder, nebst freier Station und zweier Essen, als ein Deputat." Wenige Jahre vor dem Tode des Kurfürsten erhielt er den Befehl, eine Truppe „englischer Komödianten" aus England und den Niederlanden zu verschaffen. In einer bei dem Grafen Schwarzenberg im Jahre 1620 eingereichten Supplik (im Königl. Archiv befindlich) bittet Junker Hans von Stockfisch nicht nur um die Bezahlung seiner jährlichen Bestallungsgelder und

„1000 Floren" für die Berufung der fremden Schauspieler, sondern auch um Verabreichung des ihm in Abwesenheit des Kurfürsten Georg Wilhelm nicht mehr gewordenen Deputats. Ein kurfürstlicher Befehl, vom 14. März 1620 datiert, lautet:

„Dem von Stockfisch die rückständigen Bestallungsgelder zu bezahlen, auch ihm sein Deputat abzureichen; was aber die zugleich geforderten 1000 Thaler belange, so wäre zwar billig, ihm solche zu ersetzen, falls er zu beweisen vermöchte, daß er solche wirklich wegen der Kompagnie Komödianten, welche zuletzt in Berlin gewesen, und zwar auf Befehl Ihres vielgeliebten, hochseligen Herrn Vaters ausgelegt, und baar hergeschossen. Da jedoch glaubwürdig berichtet worden, daß nicht er, Stockfisch, solche hierher verschaffet, sondern selbige für sich nach Berlin gekommen und ihre Dienste angeboten hätten, auch die vorgezeigte, von den Komödianten in seinem Faveur erteilte Attestation ganz unzweifelhaft nur erschlichen und untergeschoben sei, so werde er mit dieser seiner unstatthaften Forderung schlechterdings ab und zur Ruhe verwiesen."

In den Jahren 1622—1625 war ein gewisser Cassenius, der längere Zeit in der Treuischen Gesellschaft rühmlich mitgespielt hatte, verschiedene Male mit einer Gesellschaft Lust- und Freudenspieler in Berlin gewesen. Allein Kurfürst Georg Wilhelm, ob er gleich seine Talente bewunderte, ermahnte ihn in einer länger als eine Stunde mit ihm gepflogenen Unterredung, „seine jetzige Lebensart wiederum zu verlassen, wobei er ihn kräftigst auf die damaligen Zuchtruten Gottes, sowohl durch Pest, Krieg, als Hungersnot verwies, um welcher willen denn auch den Komödianten das zweite Mal nur 4 Tage zu ihrem Aufenthalte allhier vergönnt werden könnten." . . . .

Alt war das Herkommen, daß in Berlin bei Schuljubiläen und anderen festlichen Begebenheiten, namentlich am Gregoriusfeste, Schuldramen aufgeführt wurden, wenn die Nachrichten darüber auch im Stadtarchiv erst mit den Jahren 1625 und 1629 beginnen. Es wurde indes in der Zeit des 30 jährigen Krieges verfügt, daß auch diese bei Strafe unterblieben. Als am 10. September 1629 im „Berlinischen Gymnasium" eine Komödie gespielt worden war, wozu vermutlich der Magistrat den Saal auf dem Rathause hergegeben hatte, ergingen unter dem 16. deff. M. zwei geschärfte Reskripte, „in deren einem die rectores, correctores und übrigen Kollegen beider Schulen in hiesiger Residenz mit Verweisen belegt und auch auf die „vielfältigen Zuchtruten Gottes" hingewiesen wurden, und daß die so sehr bedrängten Zeiten keine solche, obschon unsträfliche Ergötzung gestatteten."

In den nachfolgenden Jahren, namentlich als der 30 jährige Krieg sich seinem Ende zuneigte, wurden solche dramata sacra wieder aufgeführt, um so lieber, als durch solche Schulübungen, zu denen auch das Publikum Zutritt hatte, die Bildung in gewisser Hinsicht wenigstens gefördert wurde. Jedenfalls bilden diese Schuldramen einen wichtigen Beitrag zur Berliner Theatergeschichte.

Der große Kurfürst, welcher im Jahre 1640 den

Thron bestieg, hatte einen lebhaften Sinn für die Bildung seines Volkes. Berlin zählte damals 6000 Einwohner. Am 15. März 1646 wurde das Schuldrama „Der Fall Adams" von Spengler aufgeführt. Das Köllnische Gymnasium brachte verschiedene derartige Schulübungen zur Darstellung, worunter besonders das unter dem Subrektorat des M. Joh. Höpner am 16. Januar 1649 aufgeführte, von D. Schottelius verfaßte Drama „Friedenssieg" gehört. Ebenso wurde 1653 vom Berlinischen Gymnasium ein Drama scenicum ex lib. I Aeneid. mit sehr vielem Zulauf zur Darstellung gebracht. Der Schauplatz war in dem Berlinischen Rathause aufgebaut.

Im Jahre 1660 kam ein gewisser Caspar von Zimmern mit seiner Gesellschaft, welche meistenteils aus jungen Studenten bestand, nach Berlin und meldete sich mit einer Vorstellung dieses Inhaltes bei Hofe:

„Er habe schon zum zweitenmale supplikando erwiesen, wie durch Präsentierung einiger Comödien, so der Jugend nutzbar in Annehmung heilsamer Tugend, er nur einzig und allein um die Notdurft zu sein und der Seinigen, auch beiwesenden Studiosorum, gesucht, mit nichten aber aus Vorwitz oder Geldsucht durchzubringen vermeinet, wäre aber abgewiesen worden. Da er jedoch mit den Angehörigen, die insgesamt aus 19 Personen, nämlich 10 Studiosis und seiner Frau und seinen Kindern bestünden, keine Lebensmittel irgendwoher zu nehmen wisse, auch allbereit 14 Tage hier zugebracht hätten: als flehe er nochmals Sr. Ch. D. an, Ihrem armen Knecht gnädigst zu vergönnen, solche

Actiones und Exercitia, die für sich selbst rühmlich und löblich und zu keiner ferneren Erschöpfung der Unterthanen gereichen können, hierselbst in wenigen Tagen vollbringen zu dürfen" u. s. w.

Im Jahre 1674 wurde beim ersten Jubiläum des Berlinischen Gymnasiums „Ein klägliches Schauspiel von der Unschuld des Bellerophon, wie dasselbe vom Argwohn und der Verläumdung zwar gedrückt worden, aber endlich obgesieget hat," im großen Saal des Berlinischen Rathauses aufgeführt, nachdem vorher die Bürgerschaft durch ein deutsches Programm von zwei Bogen dazu eingeladen worden war.

Am 18. und 19. September 1688 wurde vom Cöllnischen Gymnasium aus Anlaß des anfangs September d. J. erfolgten Todesfalles des großen Kurfürsten ein feierlicher Actus tragicus etc. zur Darstellung gebracht.

Im folgenden Jahre finden wir die erste Spur von den üblichen Maskeradebelustigungen, welche man „Wirtschaften" nannte und die zum Teil mit den Schauspielen Ähnlichkeit hatten. So wurde am 7. Januar 1690 der „Scheerenschleifer" bei der Wirtschaft zu Cölln an der Spree aufgeführt, dessen Verfasser von Besser war.

In demselben Jahre wird zuerst eines für die Berliner Theatergeschichte bekannten Schauspielerprinzipals „Sebastian di Scio, Erwähnung gethan. Es wurde unterm 17. Juni 1690 gestattet, „daß Sebastian di Scio, Comödiant, in den Residenzen und in deren Landen überhaupt, spielen und seine Nahrung suchen möge"; eine Erlaubnis, die vor ihm noch niemand in solcher Ausdehnung hatte. Di Scio erhielt bald in M. Joh. Velten, Direktor der sächsischen Hofcomödianten, einen Nebenbuhler, welcher gleichfalls in Berlin spielte.

Hier tritt uns zum erstenmale die Thatsache entgegen, daß in Berlin zu gleicher Zeit zwei Schauspielertruppen Vorstellungen gaben. Berlin hatte 1690 27,500 Einwohner. Johannes Velten (geb. 25. Dez. 1640 zu Halle a. S., gest. 1692 zu Hamburg), die bedeutendste Persönlichkeit in der deutschen Theatergeschichte des 17. Jahrhunderts, spielte im Jahre 1691 in Berlin. Er war seit 1678 Führer der „berühmten Bande"; sie umfaßte 14 Personen, die besonders in Hamburg, Dresden und Süddeutschland große Erfolge unter ihm erntete. Velten nahm aus Berlin eine schmerzliche Erinnerung mit fort. Wir sahen, wie die weltlichen Schauspielvorstellungen der Kirche längst ein Ärgernis geworden waren. Die Ausbildung eines selbständigen Schauspielerstandes, dessen Leistungen anfingen, auch auf die gebildeten Kreise zu wirken, und der seine Stoffe nicht mehr der Bibel und der geistlichen Sphäre entlehnte, machten denselben zu einer Macht, welche der Kirche unbequem zu werden drohte. In letzter Zeit, besonders seit dem Aufblühen des Francke-Spenerschen Pietismus, waren die Angriffe heftiger geworden. Als nun Velten in Berlin das Abendmahl nehmen und mit seinem „Courtisan" (lustige Person) die Kirche betreten wollte, da wurde ihm seitens der Geistlichkeit das Abendmahl vorenthalten. Als die Angelegenheit vor den Kurfürsten Friedrich, den nachmaligen ersten König Friedrich von Preußen, kam, wurde der Geistlichkeit ein Verweis erteilt und dieselbe angehalten, niemandem ohne Anfrage höheren Ortes das Sakrament der Kirche zu versagen. Velten verfügte über ein Repertoire von 87 Dramen, wovon 15 dem englischen, 12 dem deutschen, 18 dem holländischen, 18 dem französischen, 2 dem italienischen, 1 dem spanischen Theater angehörten. Er huldigte einem realistischen Prinzipe, und um diesem auch in der Darstellung gerecht zu werden, besetzte er zuerst (in Deutschland) alle Frauen- und Mädchenrollen mit Schauspielerinnen, und diese Neuerung fand gleich großen Beifall.

Nach Berlin war Velten, der schon 1686 drei Schauspielerinnen hatte, mit mehreren weiblichen Personen damals gekommen. Das mag die Feindschaft der Geistlichkeit verschärft haben! — Auch die Bühne hatte Velten umgestaltet. Gottscheds Reform bewegte sich später in den Bahnen, die Velten vorgezeichnet hatte. Bisher hatte man nur die Bühne der „englischen Comödianten" gekannt, welche ein Quadrat bildete, in dem ein Podium war, an dessen hinterem Teile sich eine Nische zeigte, die ein Balkon überdachte. Vor sich und zu beiden Seiten ließ dieses Podium Raum für die Zuschauer. Velten erweiterte nun diese Nische bis zur Größe einer zweiten Bühne, welche von der Vorderbühne durch einen Vorhang getrennt werden konnte. Auch diese reformierte Bühne hatte allseitigen Beifall gefunden.

Kapitel II.

Das Theater unter den Königen Friedrich I., Friedrich Wilhelm I. und Friedrich II. (1700—1786).

Zur Feier der Vermählung des Hessen-Kasselschen Erbprinzen Friedrich Karl mit der Brandenburgischen Prinzessin Luise Dorothea Sophie wurde am 1. Juni 1700 ein großes, mit Ballet vermischtes, italienisches Singspiel „La festa del hymeneo" aufgeführt, und zwar auf dem über dem damaligen Königl. Reitstall belegenen Theater. Das Maschinenwerk und die Dekorationen stammten von dem hannoverschen Baumeister Thomas Giusti her. In den Balletten tanzten außer dem Kurprinzen, nachmaligem König Friedrich Wilhelm I., die Markgrafen Albrecht und Christian Ludwig nebst vielen Hofkavalieren und Damen, so daß sich 40 tanzende Personen zu gleicher Zeit auf dem Theater befanden. König Friedrich I. entfaltete bekanntlich eine große Prachtliebe; er ließ italienische Sänger und Sängerinnen kommen. Ballet und Singspiel wurden unter ihm bevorzugt. Aber auch die Volksmuse, das Volkstheater, schwieg nicht ganz. Im Jahre 1701 wurde dem di Scio erlaubt, einige Zeit lang auf dem Berlinischen Rathause zu spielen. Im folgenden Jahre wurde indes höheren Ortes von Seiten der Geistlichkeit Beschwerde geführt:

„Daß, da von unterschiedlichen Jahren her verschiedene Gesellschaften Komödianten sich in den Residenzen eingefunden und auf dem Berlinischen Rathause ihre Spiele gehalten, die solchergestalt verstattete Komödie nie ohne viel Aergernis abgegangen, indem nicht allein der aufgestellten Narren und Pickelhäringe viele Narrenteidungen, ingleichen auch durch die repräsentierte reizende Liebesgeschichte, sondern vornehmlich, da man in des vorgegebenen Doktor Faustens Tragödie die förmliche Beschwörung der Teufel, welche erscheinen sollten, und die lästerliche Abschwörung Gottes an den bösen Feind, mit ansehen müssen, in hiesiger Stadt viele Teile wahrhaftig geärgert, teils mit ihnen (den Supplikanten) herzlich betrübt und zu seufzen bewogen worden." Es wurde entschieden, daß in einer so großen Stadt wie Berlin alle Schauspiele nicht gänzlich abgeschafft werden könnten; jedoch sollte genau darauf gesehen werden, daß nichts aufgeführt würde, was der Moral, Ehrbarkeit und Ehre Gottes zuwiderliefe. Der Kampf gegen das „Komödienspielen" wurde in den folgenden Jahren noch von einigen Geistlichen fortgesetzt, und die Veltensche Truppe, die sich aus lauter Leuten zusammensetzte, welche studiert hatten, hatte viele Bedrängnis; die ruhige und freie Ausbildung eines tüchtigen Volkstheaters, wozu andere Schritte als Repressivmaßregeln nötig gewesen wären, wurde damit sehr gehemmt.

Desto mehr blühten die Hofvorstellungen, Ballet und Singspiele, welche über dem Königlichen Reitstalle in der

Breitenstraße oder vielmehr über dem Mittelteile desselben und der verdeckten Reitbahn, in dem kleinen Opern- und Komödiensaal, gegeben wurden. Erst um 1706 wurde eine Bühne in dem in der Poststraße belegenen Douilhackschen Hause, welches erst kurfürstlich war, errichtet, und zwar von der französischen Truppe du Rochers. Im Dezember des Jahres 1706 wurde aus Anlaß der Vermählung des Kronprinzen mit der Braunschweigisch-Lüneburgischen Prinzessin Sophie Dorothea ein Singspiel aufgeführt: „Der Sieg der Schönheit über die Helden", dessen Text von dem Hofdichter von Besser stammte. Während des Prologes stellte das Theater einen Teil der Stadt Berlin vor. Das Königreich Preußen trat in Gestalt einer Königin auf, von zwölf Herolden begleitet, welche die zwölf Provinzen vorstellten. Im Epilog zeigte das Theater den Tempel der Schönheit mit der Ueberschrift: „Veneri Victrici". Du Rocher gab noch verschiedene Vorstellungen, aber seine Komödianten, die aus Tournay mit der Post verschrieben waren, erforderten hohe Ausgaben. Im Jahre 1711 wurde die französische Hoftruppe abgedankt. König Friedrich I. hatte viel für die Kunst, wenigstens für die höfische, gethan. Als im Jahre 1714 Friedrich Wilhelm I. den Thron bestieg, verringerten sich die Aussichten bedeutend, aber es war in mancher Hinsicht noch besser, gar keine Kunst zu haben, als die Pflege einer fremdländischen, antinationalen und höfischen, vor der die Volksmuse trauernd sich in dumpfe Schlupfwinkel zurückziehen mußte. Doch einige bemerkenswerte Thatsachen hat die Theatergeschichte Berlins auch unter Friedrich Wilhelm I. zu verzeichnen.

In das Jahr 1717 fällt die erste Erwähnung des Joh. Karl von Eckenberg, welcher sich zuerst in Kraftstücken in einer Bude auf dem „Neuen Markte" dem Publikum vorstellte. Seine Frau produzierte sich in Proben ausnehmender Geschwindigkeit. Erst später spielte er Komödien. 1732 wurde er Hofkomödiant. Auch andere Schauspielergesellschaften kamen unter der Regierung Friedrich Wilhelms I. nach Berlin, so diejenige Hilferdings, der über einige gute Kräfte verfügte. Streng wurde verordnet, daß von den Schauspielern jedesmal ein Zettel von dem, was sie spielen wollten, tags zuvor der Behörde vorgelegt würde, „damit ja nichts Scandaleuses und Aergerliches auf der Bühne erscheine." —

Mit dem Jahre 1740, d. h. mit der Thronbesteigung König Friedrich II., hob eine neue Epoche in der Theatergeschichte Berlins an, welches jetzt 90 000 Einwohner zählte. Hatten unter dem prachtliebenden König Friedrich I. deutsche, italienische und französische Truppen sich abgewechselt, und war jede künstlerische Bethätigung unter dem strengen Scepter Friedrich Wilhelms I. auf das bescheidenste Maß herabgedrückt, so räumte Friedrich II. den freien Künsten sofort eine der ersten Stellen ein. Freilich war es die französische Bildung, welche der große König völlig in den Vordergrund stellte. Der deutschen Kunst kam direkt nichts zu gute; sie wurde nur mittelbar später durch Friedrichs unvergleichliche Thaten gefördert. So ließ er das deutsche Theater, welches seine Vertreter in Eckenberg und Hilferding mit ihren Truppen fand, seine

Wege weiter gehen, ohne es zu hindern. Und während diese in einer Bude auf dem Dönhoffsplatze, bezw. auf dem köllnischen Rathause, weiter den Geschmack des Publikums mit ihrem elenden Spiel und ihren faden Stücken verdarben*) und sich gegenseitig zu Grunde richteten, schuf sich Friedrich ein Theater von privilegierten Hofkomödianten, wo ihm das graziöse Spiel der Franzosen und die Kunst italienischer Gesänge vorgeführt wurden. Wir Deutschen hatten erst litterarisch durch Gottsched und theatralisch durch die Neuber in Leipzig eine Bühne und eine Schauspielkunst, die diesen Namen verdienten, kurze Zeit vorher bekommen.

Das Königliche Opernhaus.

Die „lyrische" Bühne, welche seit dem Tode Friedrichs I. gänzlich eingegangen war, erblickte sich jetzt in einem weit größeren Glanz als jemals. Friedrich II. ließ außerdem ein prächtiges Opernhaus erbauen, und für das Schauspiel wurde eine Bühne auf dem sogenannten Kurfürstensaal im alten Quergebäude des Königlichen Schlosses eingerichtet. Er berief italienische Sänger und Sängerinnen und französische Schauspieler und Tänzer. Es ist unzweifelhaft, daß jene drei Bühnen auf das Theater der folgenden Zeit Einfluß übten.

Zu dem Opernhause hatte der König schon als Kronprinz den Entwurf gemacht; seine Länge betrug

---

*) Die Aufführung von Schuldramen hatte um diese Zeit fast gänzlich aufgehört. Im Jahre 1740 wurde als letztes Stück zur Feier des 166. Stiftungstages des Berlinischen Gymnasiums „Der sterbende Sokrates" vom Subrektor Baumgarten gegeben. Dom köllnischen Gymnasium wurden in der Folge noch einige Stücke in deutscher Sprache aufgeführt.

300, die Breite 100 fuß. Am 5. September 1741 wurde durch den Markgrafen von Schwedt der Grundstein desselben gelegt; der Generalbaudirektor v. Knobelsdorf beschleunigte den Bau trotz des ausgebrochenen ersten schlesischen Krieges so sehr, daß das Opernhaus, nach dem Vorbilde des Parthenon ausgeführt, bereits Anfang Dezember 1742 vollendet war und mit der Oper „Kleopatra und Cäsar" eingeweiht werden konnte.

Die Hauptfront des Gebäudes ging nach der Straße Unter den Linden und zeichnete sich durch einen schönen Säulengang aus. Vor dem Haupteingang über der Kolonnade standen die goldenen Buchstaben: „Friedericus Rex, Apollini et Musis" (was von den Erzorthodoxen der damaligen Zeit „Dem Teufel und seinen Engeln" übersetzt wurde).

Durch Hilfe eines gewölbten Kanals, der unter dem ganzen Gebäude fortlief, wurde das Wasser mittelst einiger Kunstwerke durch alle inneren Teile des Hauses in ein Wasserbehältnis unter das mit Kupfer gedeckte Dach hinaufgeführt, so daß bei entstehendem Feuer man sich des Wassers gleich bedienen konnte. Fast die ganze vordere Seite des Opernhauses enthielt einen großen Saal, in dem die hohen Herrschaften speisten und in dem zwei Springbrunnen sprangen. Die Gallerie im Saale war für das Publikum bestimmt. Auf diesen Saal folgten in allen Geschossen 12 Fuß breite Corridors, welche zu den Bogen führten. Vier Ränge befanden sich über ihnen. Das Parterre war 50 Fuß lang. Das Haus vermochte 3500—4000 Personen zu fassen. Die gemalten Dekorationen waren vortrefflich. Die Ein-

Das Königliche Opernhaus, erbaut von Knobelsdorf 1741-1743.

richtung des Opernhauses kostete bis zur Einweihung bereits 150 000 Thaler. Die Beleuchtung mit Wachslichten an einem einzigen Festabend belief sich auf 3000 Thaler; die Kleidungen für das Spiel- und Tanzpersonal wurden auf 60 000 Thaler geschätzt. Damals, also im Jahre 1748, zählte Berlin 92 000 Einwohner. Die ersten Operndichter, welche der König berief, waren Bottarelli, Cagliazuchi u. s. w. Die meisten Opern aber komponierte der Königliche Kapellmeister Karl Heinrich Graun, welcher bereits zu dem Kronprinzen nach Rheinsberg berufen war und, als Friedrich II. den Thron bestieg, nach Italien geschickt wurde, um bei den Opern zu Rom, Venedig, Neapel, Turin und Mailand Studien zur Einrichtung des Berliner Opernhauses zu machen.

Graun brachte auch Sänger und Sängerinnen aus Italien für die Oper mit. Der erste Balletmeister namens Poitier wurde dagegen aus Paris verschrieben, auch die Tänzer und Tänzerinnen stammten zumeist aus Frankreich. Während der beiden ersten schlesischen Kriege fielen die Vorstellungen im Opernhause nicht aus. Im Sommer wurde auch im Charlottenburger Schlosse bisweilen gespielt, so im Jahre 1755 bei der Vermählung des Prinzen Ferdinand, des Bruders des Königs. Der siebenjährige Krieg verscheuchte die Musen. Erst nach dem Frieden nahm das Opernhaus seine regelmäßigen Vorstellungen wieder auf.

Der erste Königliche „Directeur des Spectacles" war Baron von Schwerts; nach ihm führte Baron Pöllnitz eine Zeitlang die Direktion der Oper. Von 1778 ab, wo die vom König unterhaltene französische Komödie verabschiedet ward, wurde jener Posten nicht wieder besetzt. Seit 1748 befand sich auch in Potsdam ein Intermezzotheater oder die italienische Operette, die gleichfalls auf königliche Kosten unterhalten wurde. Die Sänger und Sängerinnen wohnten sämtlich in Potsdam, mußten aber während der Carnevalszeit nach Berlin kommen, wo sie besonders Mittwochs auf dem Schloßtheater spielten. Dieses, im sogenannten Kurfürstensaal eingerichtet, diente zuletzt nur den Vorstellungen der französischen Hoftruppe. Seit 1711, wo die Du Rochersche Gesellschaft entlassen wurde, hatte Berlin kein französisches Schauspiel mehr gehabt; nach erfolgter Thronbesteigung Friedrichs II. war aber sogleich eine Truppe auf königliche Kosten aus Frankreich berufen worden. Diese spielte von 1741—1756, bis der siebenjährige Krieg ausbrach. Stücke von Corneille, Racine, Molière, Regnard und Marivaux kamen zur Aufführung. Nach dem Frieden im Jahre 1763 wurde eine neue französische Hoftruppe errichtet.

Da die Vorstellungen der Königlichen französischen Schauspielergesellschaft außer bei feierlichen Gelegenheiten am Hofe nur einmal, nämlich Mittwochs, gegeben wurden und der Raum zu klein war, um ein größeres, schaulustiges Publikum zu fassen, so wurde eine besondere Truppe außer der vom Könige besoldeten gebildet. Berger, der Springer genannt, erbaute nach beendetem siebenjährigen Krieg ein Schauspielhaus unweit Monbijou, das hernach in Döbbelins Besitz überging. Die erste Vorstellung fand hier anfangs Juli 1768 statt. Bergers

Das neue Königliche Komödienhaus, erbaut von Baumann 1775.
(Französisches Komödienhaus, seit 1786 Königliches National-Theater.)

In dieses neue Komödienhaus auf dem Gensdarmenmarkte, welches am 22. April 1776 mit Corneilles „Polyeucte" eingeweiht wurde, zogen neue französische Schauspielertruppen ein und spielten dort bis zu ihrer Verabschiedung durch Friedrich den Großen im Jahre 1778.

Gleich nach der Thronbesteigung König Friedrichs II. ward auch für die Aufnahme eines deutschen Schauspiels gesorgt. Schönemann wurde berufen, da er aber kontraktlich noch anderweitig gebunden war, erhielt Eckenberg die Erneuerung des Privilegiums auf sämtliche königliche Lande und Provinzen.

Ebenso bekam Peter Hilferding ein erneutes Privilegium, in allen königlichen Landen Schauspiele aufführen zu dürfen. Eckenberg spielte in einer Bude auf dem Dönhoffsplatze;*) Hilferding auf dem köllnischen Rathause. Das deutsche Schauspiel fristete aber ein elendes Dasein; nach zwei Jahren war Hilferding schon durch Eckenbergs Konkurrenz lahm gelegt. Auch Eckenberg vermochte sich nicht lange zu halten. Von der Rohheit des damaligen deutschen Schauspiels mag schon der Umstand zeugen, daß die Ankündigungen zu einer Vorstellung von Leuten zu Pferde mittels einer Trommel geschahen, und man keine Mittel scheute, das Publikum herbeizulocken. Ein Monolog sagte dann:

„Mit gnädigster Bewilligung einer hohen Obrigkeit wird heute in dem Theater von der privilegierten u. s. w. Gesellschaft deutscher Schauspieler aufgeführt werden:

---

*) anfangs auf dem Friedrichsmarkt.

eine mit lächerlichen Scenen, ausgesuchter Lustbarkeit, lustigen Arien und Verkleidungen wohl versehene, dabei aber mit ganz neuen Maschinen und Dekorationen artig eingerichtete, auch mit verschiedenen Flugmaschinen ausgezierte und mit Scherz, Lustbarkeit und Moral vermischte, durch und durch auf lustige Personen eingerichtete, gewiß sehenswürdige große Maschins-Komödie unter dem Titel „Hanswursts Reise in die Hölle und wieder zurück", wobei dieser arme, von Teufeln oftmals erschreckte, verzauberte, von seinem Herrn aber geprügelte, dumme und mit Colombine, einer verschmitzten Kammerjungfer ehelich verlobter Diener, in folgenden Verkleidungen erscheinen werde: 1. als Reisender, 2. als Cavalier, 3. als Pavian, 4. als Schornsteinfeger, 5. als Husar, 6. als Zigeuner, 7. als Kroat, 8. als Barbier, 9. als Doktor, 10. Tanzbär, 11. als affektierte Dame, 12. als Läufer, 13. als Kupplerin, 14. als Nachtwächter, 15. als Dame ohne Kopf und 16. als einer von den Teufeln geholter Bräutigam. Dabei werden allezeit lustige Arien gesungen werden. Wir können übrigens versichern, daß die heutige Maschins-Komödie die Krone aller Maschins-Komödien ist."

Es ist kaum zu glauben, daß selbst in dem aufgeklärten Berlin der damaligen Zeit anfangs noch solcher Unsinn Verehrer aus allen Ständen fand. Der Neuberin gelang es zuerst, obschon nach sehr vielen Schwierigkeiten, den Hanswurst von der Leipziger und Hamburger Bühne zu bannen, und ihrem Beispiele folgte dann Schönemann in Berlin. Es war eine schwierige Aufgabe, die deutsche Kunst aus dem Staube der Verachtung zu ziehen und sie des Beifalles der Gesitteten und des Schutzes der Höfe zu sichern.

Im September 1742 kam Schönemann auf besonderen Königl. Befehl von Breslau nach Berlin. Die Schönemannsche Gesellschaft bestand bei ihrer Ankunft in Berlin außer seiner Frau und seinen Kindern vornehmlich aus Elers, der Spiegelbergerin, Ekhof, der Gantnerin, Stein und Heyderich; später kamen noch Uhlich, Starke und die Schröder hinzu. Vergleicht man die Schauspiele, welche Schönemann in Berlin aufführte, mit denen Hilferdings und Eckenbergs, so muß man immerhin einen Fortschritt zugeben. Aber das im Geschmack verwilderte Berliner Publikum, welches lange Zeit nichts als Staatsaktionen, Hanswurstiaden, elende Opern und Ballette gekostet hatte, fand an Schönemanns Spielplan, der Gottscheds „Cato", „Iphigenie", „Alcire", Gellerts Lust- und Schäferspiele enthielt, keinen Gefallen. Es war froh, als nach Schönemanns Weggang im Jahre 1754 der Direktor Franz Schuch ihm den Hanswurst zurückbrachte, und Schuch und seine Frau waren groß als Harlekin und Colombine in ihrer Bude auf dem Friedrichsplatze oder Gensdarmenmarkt!

Um diese Zeit kam Lessing zum dritten Male nach Berlin, (Mai 1758—November 1760; zum ersten Male war er 1748, zum zweiten Male Dezember 1752 bis Herbst 1755 dort gewesen). In dem ausgebrochenen 7 jährigen Kriege waren alle seine Sympathien auf Seiten Preußens. „Wie eine Flamme unter den Ruinen einer verschütteten Stadt brach sein Genie aus der Finsternis hervor." Ihm blieb es vorbehalten, glücklich

Bahn zu brechen, wenn auch die Schwierigkeiten groß
waren, die es zu überwinden galt, und eine Sprache,
die noch so wenig angebaut war, zu einer edlen Theater-
sprache umzubilden. Sah man doch in seinen Gesellschaften nirgends Deutsche mehr! Nur nachgeahmte
Sitten und übersetzte Einfälle! So war es in dem
Staate Friedrichs des Großen! — Bereits 1752 hatte
Lessing in Potsdam in ländlicher Einsamkeit sein bürger-
liches Trauerspiel „Miß Sara Sampson" geschaffen,
welches bald darauf in Frankfurt a. O. unter großem
Beifall zur Aufführung gekommen war.

Das Jahr 1758 entzündete in seiner Brust patriotische
Begeisterung und neuen Schaffenstrieb. Aber das Ber-
liner Theater fesselte ihn nicht. Er veranstaltete eine
Ausgabe von Gleims „Kriegsliedern", gab die „Litte-
raturbriefe" heraus und eine Auswahl von Logaus
„Sinngedichten". Dann schrieb er den „Philotas" und
das Fragment „Faust". Schon früher hatte er sich der
Kritik und Geschichte des Theaters zugewandt und mit
Mylius „Die Beiträge zur Historie und Aufnahme des
Theaters" herausgegeben. Wenn diese auch eine gewisse
Anerkennung der Franzosen enthielten, so deuteten sie
doch schon die litterarische Revolution an, die der
ganzen Litteratur eine neue Gestalt geben sollten.
Auch während des 7 jährigen Krieges schlummerte
die Kritik nicht. Sie eröffnete in den Litteratur-
briefen von Nicolai, Mendelssohn, Lessing und Abt in
ihrer Weise eine Art Kriegsführung. Die Berliner
Kritik entthronte die Litteratur Sachsens und vernichtete
das Ansehen Gottscheds. Von 1760—1764 war Lessing

in Breslau als Gouvernementssekretär des Generals von Tauenzien. Hier entstand das beste Lustspiel von nationalem Gehalt, „Minna von Barnhelm", welches im Jahre 1767 erschien. Es war ein Ereignis in der deutschen Theatergeschichte. Es kam zuerst in Hamburg (!) zur Aufführung, wohin Lessing von Berlin als Dramaturg eines neu zu begründenden deutschen Nationaltheaters berufen war und wo — nach dem Scheitern des Unternehmens — 1767—1768 die „Hamburgische Dramaturgie" entstand.

In Berlin wurde in Lessings Abwesenheit „Minna von Barnhelm" 1768 dann mit dem größten Erfolge zehnmal hintereinander, an 22 Abenden 19 mal. vom 31. März bis Ende April 30 mal, bei stets vollem Hause von der Döbbelinschen Truppe gegeben. . . .

Wir haben gesehen, daß Franz Schuch von 1754 ab auf dem Gensdarmenmarkt in Berlin spielte. Im Jahre 1764 erhielt sein ältester Sohn die Konzession für Berlin und die sämtlichen preußischen Lande. Er trat anfangs in die Fußtapfen seines verstorbenen Vaters. Er ließ das Theater in der Behrenstraße erbauen, doch war das Gebäude zu klein angelegt. Im Jahre 1766 kam Herr Döbbelin, welcher bisher bei dem Ackermannschen Theater gespielt hatte, zur Schuchschen Gesellschaft. Döbbelin drang sofort auf Abschaffung des Hanswursts und auf die Einführung besserer Stücke. Tüchtige Männer, wie Professor Ramler, begünstigten die Reformen, und das Schuchsche Theater kam zum Ansehen. Es wurden vorzugsweise Lessingsche, Weißesche, Schlegelsche, Bramesche, Hobergische und Rosmannsche

Stücke neben guten Uebersetzungen gegeben. Döbbelin verließ die Schuchsche Gesellschaft indes schon 1767 wieder, als er vom Könige das Privilegium erhalten hatte, eine neue, gute Truppe zu begründen. Doch wurde Döbbelin, obschon er vortreffliche Künstler aus Hamburg und Leipzig herbeizog, das Aufkommen schwer. Berlin konnte damals wegen seiner bekannten Vorliebe für die französische Kunst noch kein stehendes deutsches Theater unterhalten, wie sehr auch Lessing bereits in Hamburg versucht hatte, die Führung des Theaters den wandernden Truppen zu entziehen und die Bühne von freien, künstlerischen Grundgedanken zu lenken.

Da rettete Döbbelin ein Glücksfall.

Um jene Zeit hatte die bisherige Hammonsche Truppe auf Königlichen Befehl Berlin verlassen müssen, was dem deutschen Schauspiele zu großem Vorteile gereichte.

Im Jahre 1771 (10. Juni) übernahm und eröffnete Heinrich Gottfried Koch (geb. 1703 zu Gera), welcher nach dem Tode des jüngeren Schuch das Theater in der Behrenstraße erworben hatte, seine Bühne mit „Miß Sara Sampson" und einem Prolog von Ramler. Döbbelin war in demselben Jahre nach Leipzig übergesiedelt. Kochs Erfolge waren groß; das Theater war oft gedrängt voll. Gleich im ersten Jahre seines Unternehmens bewilligte er auf Ersuchen einiger Hofleute, daß auf seinem Theater eine außerordentliche französische Vorstellung ohne Entschädigung seinerseits gegeben werden konnte; sein Versuch, für seine Schauspieler den Namen Hofschauspieler zu erhalten, scheiterte indes. Eine Kabinetsordre vom 14. Januar 1772 besagte:

„daß, obgleich S. K. M. Bedenken trage, der Kochschen Truppe den nachgesuchten Charakter beizulegen, dennoch in Ansehung ihrer vorzüglichen Talente zum Theater und des bei Kennern dadurch erworbenen großen Beifalls, wodurch dieselbe wohl einige Distinktion verdient, Sr. K. Maj. höchste Willensmeinung dahin gehe, daß man für selbige einen anderen schicklichen Charakter ausfinnen und in Vorschlag bringen solle, welcher derselben nicht allein zur Distinktion von anderen gemeinen Komödianten, sondern zugleich zur Aufmunterung dienen könne, ihre Talente noch immer mehr zu „excoliren" und dem deutschen Theater Ehre zu machen."

Koch nahm aber keinen der vom Minister von Massow vorgeschlagenen Titel für seine Mitglieder an. Er starb am 3. Januar 1775 im 72. Lebensjahre, im 24. Jahre seiner Prinzipalschaft.

Seine Verdienste sind in der Berliner Theatergeschichte unvergeßlich.

In das Jahr 1772 fiel das Erscheinen von Lessings „Emilia Galotti". Große und kleine Gesellschaften führten das Stück auf; aber seine Wirkung war anfangs eine sehr verschiedene. Hier erweckte es Bewunderung, dort Langeweile und Gelächter.

Nach Kochs Tode ward das erste preußische Privilegium (am 23. März 1775 ausgefertigt) Döbbelin übertragen. Die Döbbelinsche Gesellschaft hatte zuletzt in Dresden und Potsdam gespielt und seit ihrem letzten Aufenthalte in Berlin (1771) manche wichtige Veränderungen in Bezug auf das Personal erfahren. In Braunschweig hatte Döbbelin den Charakter eines Hofschauspielers erhalten. Er übernahm von der Witwe Koch das Theatergebäude, die Garderobe und zugleich einen großen Teil der Schauspieler von der früheren Kochschen Truppe.

Die Eröffnung der neuen Spielzeit unter Döbbelin fand am 17. April 1775 statt mit den „Feindseligen Brüdern" von Young und einer „Rede" von Frau Döbbelin. Ein Ballet, „Die Fischweiber", machte den Beschluß. Es wurde anfangs dem neuen deutschen Theaterdirektor nicht leicht, sich gegen ein ständiges französisches Theater, welches immer noch von der Gunst und Unterstützung des Hofes und des Publikums getragen wurde, zu halten. Döbbelin erlahmte aber in seinen Anstrengungen nicht. Brockmann, der Liebling der Hamburger Bühne, gab Gastrollen als „Hamlet", „Tellheim", „Beaumarchais" u. s. w. Er wurde auch in Berlin gefeiert. Sein und später Schröders Erscheinen machte für Berlin Epoche.

Im Jahre 1778, als der baierische Erbfolgekrieg ausgebrochen war, trat ein wichtiges Ereignis ein. Die französische Bühne, welche ohne Unterstützung des Hofes nicht ihr Dasein fristen konnte, wurde geschlossen. Das Orchester wurde verabschiedet und von Döbbelin wieder eingestellt. Seit 1778 hat zum Vorteil unserer nationalen Bühne kein stehendes französisches Schauspiel mehr in Berlin gespielt . . .

Im Jahre 1780 gastierte Schröder aufs neue im Theater Döbbelin; er fand namentlich als „Lear" großen Beifall. Im folgenden Jahre fand daselbst eine Feierlichkeit statt, deren Ertrag zu einem Denkmal für Lessing, der am 15. Februar 1781 in Wolfenbüttel gestorben war, verwandt wurde. Obschon bis dahin die deutsche Kunst sich der Unterstützung des Herrschers nicht erfreuen durfte, wußte Döbbelin sein Theater durch gute Oekonomie aufrecht zu erhalten und dasselbe seiner Vervollkommnung zu nähern. Döbbelins Direktion war die längste, welche Berlin bis dahin erlebt hatte. Sie dauerte bis 1787 und war bemerkenswert und ausgezeichnet durch die ersten Vorführungen der frühesten Goetheschen und Schillerschen Stücke, denn unsere klassische Litteraturperiode war heraufgezogen. Auch Shakespeare ging unter der Direktion Döbbelin zum ersten Male über die Bühne. Brockmann hatte den Reigen mit „Hamlet" eröffnet; das Berliner Publikum ward begeistert, man prägte eine Medaille auf Brockmann und ehrte ihn zum ersten Male mit einem bis dahin nicht üblichen öffentlichen Hervorruf. Auch Schröders Spielplan umfaßte meist Shakespearesche Rollen; ja er gewann den Ruf, der erste deutsche Schauspieler als Shakespearedarsteller zu sein.

Im Jahre 1786 schloß Friedrich der Große seine Augen. Mit prophetischem Blick sah er für sein Volk das Herannahen einer goldenen Morgenröte unserer Litteratur vorher, wie seine Worte in seiner Schrift: „De la littérature allemande" kundgeben. „Wie Moses sehe ich das Land der Verheißung, aber hineinkommen werde ich nicht . . ." Friedrich stand vor seinem Heimgange schon mitten darin; es lag nur eine Tragik darin, daß seinem Geiste das frische Aufblühen der deutschen Litteratur unter Klopstock, Lessing und Goethe verschlossen blieb.

Friedrich der Große mußte erst zum letzten Schlafe eingehen, bis die damals wichtige und bedeutende Hauptstadt des preußischen Staates, welche 147391 Einwohner zählte, sich dazu aufraffen konnte, der deutschen Bühnenkunst eine bleibende Stätte zu bereiten.

Kapitel III.

Das nationale (deutsche) Theater unter Friedrich Wilhelm II. und Friedrich Wilhelm III. (1786—1840).

Eine der ersten Regierungshandlungen König Friedrich Wilhelms II. war die Begründung des „Nationaltheaters" oder des „Königlichen (deutschen) Theaters". Die Franzosen wurden aus dem „französischen Komödienhaus" am Gensdarmenmarkt ausquartiert, das der Döbbelinschen Gesellschaft nunmehr mit allen Dekorationen und der Garderobe überwiesen wurde. Der König war voll Wohlwollen und ein Freund deutscher Kunst, besonders des deutschen Theaters und der aufstrebenden deutschen Litteratur. Er bewilligte eine Subvention von 5000 Thalern und gab die Erlaubnis, bei großen Stücken die Statistenkleider aus der Garderobe des „Königlichen Opernhauses" zu entlehnen. So war die Döbbelinsche Truppe zu Schauspielern des „Königlichen Nationaltheaters" geworden, und die Glieder ihrer Gesellschaft sind die eigentlichen Vorfahren der heutigen Königlichen Hofschauspieler gewesen. Am 5. Dezember 1786 eröffnete Döbbelin das „Königliche Nationaltheater" auf dem Gensdarmenmarkte mit einer Ansprache, dem das pantomimisch-allegorische

Ballet „Das Opfer der Musen", das fünfaktige Lustspiel von Jünger „Verstand und Leichtsinn" und zum Schluß das allegorische Ballet „Das Fest der Schauspielkunst" folgten, nachdem Döbbelin am 3. Dezember 1786 das alte Komödienhaus in der Behrenstraße mit dem fünfaktigen Großmannschen Lustspiele „Henriette oder sie ist schon verheiratet" geschlossen hatte. Bei der Festvorstellung im „Königlichen Nationaltheater" waren König Friedrich Wilhelm II. mit dem Hofe, die Generalität und das ganze vornehme Berlin zugegen. Es herrschte Begeisterung und Freude, und das Berliner Schauspiel nahm nunmehr, nachdem die deutsche Poesie, vom Drucke befreit, in die neuen Tempelhallen eingezogen war, einen ungeahnten Aufschwung unter seinen Förderern Friedrich Wilhelm II. und dem ihm folgenden Könige Friedrich Wilhelm III. Außer der Subvention von 5000 Thalern empfing Döbbelin noch 6000 Thaler Hoflogengelder jährlich und vom Januar 1787 ab noch 1000 Thaler für Beleuchtung, so daß Döbbelin also ein jährlicher Zuschuß von 12 000 Thalern baar und von 3000 Thalern an Dekorationen bewilligt ward.

Da Döbbelin aber ein „Spieler" war und sein finanzieller Zusammenbruch nicht ausblieb, so wurde er, obschon er mutig dem Deutschtum zum Siege verholfen, einem Lessing, Schiller, Goethe und Shakespeare die Bühne Berlins und die Herzen seiner Einwohner erschlossen und ein ansehnliches Kapital in zwei Theater gesteckt hatte, bereits am 1. August seines Postens enthoben. Der Professor am Joachimsthaler Gymnasium,

Johann Jakob Engel, welcher zugleich Lehrer des Kronprinzen, des nachmaligen Königs Friedrich Wilhelm III., und ein verdienter Mann war, erstrebte das Direktorium des Königlichen Nationaltheaters.

Döbbelin wurde Regisseur und bezog als solcher und als Schauspieler 1200 Thaler jährlichen Gehalt; Engel erhielt einen Gehalt von 800 Thalern.

Aber Engel erhielt die Leitung des Nationaltheaters nicht allein; es wurde ein Provisorium gebildet, und Engel zur Seite der Finanzrat von Beyer und Professor Ramler gestellt. Engel war der bühnenkundigste, Ramler vertrat das Kunstprinzip, von Beyer leitete die Verwaltungsgeschäfte.

Aber Einheit vermochte unter dem neuen Direktorium nicht Platz zu greifen. Am 4. Mai 1788 schied von Beyer bereits aus. Engel bekam die Generaldirektion des Königlichen Nationaltheaters in die Hände, während Baron v. d. Reck die Königliche Oper leitete. Um 31. Juli 1789 legte auch Theophil Döbbelin, „der Vater der deutschen Bühne in Berlin", die Regie des Theaters nieder und zog sich in das Privatleben zurück. Er starb am 10. Dezember 1793. Von Warsing war an Beyers Stelle getreten, und Fleck wurde in die Direktion des Nationaltheaters aufgenommen.

Da wurde plötzlich am 24. Juli 1794 Engel durch Kabinetsordre entlassen, und Fleck und Ramler wurden nun interimistische Leiter. Engels zunehmende Nachlässigkeit und die Absicht des Königs, Iffland zu berufen, waren hierfür entscheidend. Engel verließ brotlos Berlin und begab sich nach Schwerin i. M. Erst beim

Regierungsantritte Friedrich Wilhelms III. kehrte der Gebeugte zurück und sicherte sich jetzt durch seine „Schriften" einen Platz in der Litteraturgeschichte.

Wenn wir Engels Repertoire während seiner Direktionsthätigkeit betrachten, so finden wir, daß die Richtung der Jfflandschen Stücke mit ihrem Spießbürgertum vorherrschte. Für Shakespeare, Goethe, Schiller hatte seine nüchterne Natur kein Verständnis. Neben Jffland war Kotzebue der Held des Tages.

Die zum Teil trefflichen Kräfte, über welche das deutsche Theater in Berlin schon damals verfügte, wie das Unzelmannsche Ehepaar, Fleck, Czechlitzky, Mattausch u. s. w. wurden zu keinen höheren Leistungen herangezogen. Interessant sind die damaligen Gehälter der Künstler und Künstlerinnen. So erhielt Fleck, welcher erste Alte und Charakterrollen gab, 1300 Thaler, das Unzelmannsche Ehepaar zusammen 1248 Thaler, Czechlitzky 728 Thaler; im Ganzen belief sich die Ausgabe für das Königliche Nationaltheater auf 42912 Thaler jährlich.

Fleck, welcher schon damals in Deutschland neben Schröder, Jffland und Brockmann genannt wurde, und der erste Bühnenkünstler und Liebling Berlins war, war von 1794—1796 neben dem greisen Ramler und von Warsing die eigentliche leitende Seele des Nationaltheaters; er hatte längst eingesehen, daß die Leitung eines Theaters nur in einer Hand liegen durfte. Doch blieb Fleck Regisseur und für die technische und künstlerische Leitung des Theaters unter der Direktion Ramler und von Warsing verantwortlich.

Übrigens brach auch eine Mißhelligkeit unter den beiden konkurrierenden Königlichen Kunststätten, der Oper und dem Nationaltheater, aus. Von Seiten der Leitung der ersteren wurde gegen dieses intriguiert; es waren unerfreuliche Zustände.

Als König Friedrich Wilhelm II. Jfflands Spiel in Mannheim 1790 selbst gesehen hatte, war ihm, bestärkt durch die Unfähigkeit der letzten Direktion, der Gedanke an eine Berufung Jfflands immer näher getreten. Endlich im Jahre 1796 gelang es, Jffland zu gewinnen, der zunächst in Berlin Gastrollen gab, und zwar mit außerordentlichem Erfolge. Am 15. Dezember 1796 erhielt Jffland die Königliche Bestätigung seiner am 14. November erfolgten Anstellung als Generaldirektor der Königlichen Nationalbühne. Unter ihm wurde das erste Ensemble: Fleck, Jffland, Unzelmann, Luise Fleck, Friederike Unzelmann, Karoline Döbbelin zur Vollkommenheit gebracht; unter seiner Direktionstüchtigkeit traten Schiller und Goethe mit ihren größten Meisterwerken in die Erscheinung, und zu seiner Zeit bestiegen Friedrich Wilhelm III. und seine Gemahlin den Thron.

Berlin zählte damals 165 726 Einwohner. Freilich war der Staat durch die kostspieligen Liebhabereien des Königs Friedrich Wilhelm II. sehr erschüttert, und die guten Sitten der Berliner waren arg verdorben. Das Theater wurde jetzt von allen unreinen und unkünstlerischen Einflüssen befreit, und die deutsche Kunst entfaltete, wie nie zuvor in Berlin, frei ihre Schwingen.

Jfflands Wirken fiel in die Zeit der französischen

Revolution, in die Zeit der tiefsten Demütigungen Preußens durch Napoleon und in die Zeit der anbrechenden Morgenröte in den Befreiungskriegen. Iffland begründete sofort die Schauspielschule, an deren Spitze er sich, Fleck und Frau Unzelmann stellte. Sie gab der Bühne viele große Talente. Zu Ifflands Zeiten wurde auch das Opernhaus deutschen Vorstellungen eingeräumt und die italienische Oper aufgelöst, die nur in der Karnevalszeit vor geladenem Publikum acht Vorstellungen gab. Wie schwer auch die damaligen Zeiten auf dem Theater ruhten, so groß war doch der Aufschwung desselben, denn das Künstlerpersonal fühlte sich nach 9jähriger unnatürlicher Leitung jetzt mit einem Male von einem schützenden Geist und von einem Manne seines eigenen Berufes zielbewußt geleitet. Iffland stellte das einfache Verhältnis des Prinzipals zu seinen Berufsgenossen wieder her, und zwar in gereinigter und idealer Form, und damit das innere Ensemble der Künstlerschaft.

Aber mit schweren Angriffen hatte Iffland es auch zu thun, und sie sind heute noch nicht verstummt. Er besaß Eifer, Fleiß, Gewissenhaftigkeit. Aber er gab der „Ifflandschen Richtung" mehr Raum als es für die Berliner Bühne gut war, denn jene Richtung hatte einen vielfach entnervenden Einfluß. Die Ziele seines Strebens waren: das bürgerliche Drama und naturwahre Menschendarstellung auf der Bühne.

Kotzebue, Iffland waren daher die Sterne am Berliner Theaterhimmel; sie hatten als Dichter mehr Erfolg als Schiller. Und einen Heinrich von Kleist dessen größte Werke, weil kein Verleger sich fand, noch lange ungedruckt blieben, trieb die Gleichgültigkeit seiner Zeitgenossen 1811 in den Tod! Nur Wien und Bromberg brachten Stücke von ihm damals zur Aufführung.

Ifflands Talent war von Natur vorzugsweise für bürgerliche, namentlich für komische und sentimentale Charaktere, bestimmt. Aber dennoch wußte er auch Rollen, die außerhalb seines künstlerischen Bereiches lagen, achtungsvoll zur Geltung zu bringen und nach dem Sinken von Weimars Theaterruhm wußte er die besten Talente der klassischen Schule in Berlin zu sammeln. Ja, er zog, frei von Eitelkeit und voll unbefangenen Sinnes für jedes künstlerische Verdienst, noch ein Jahr vor seinem Tode den genialen Nebenbuhler Ludwig Devrient an die Berliner Bühne. So war diese trotz Ifflands spießbürgerlicher Richtung doch diejenige, welche der idealen Richtung wieder ihre Thore öffnete. Freilich wurde Iffland dazu gewissermaßen genötigt durch den Kreis von Künstlern, die er um sich vereinigt hatte. So war Fleck das für Schiller, was Ekhof für Lessing und Schröder für Shakespeare gewesen. Neben Fleck aber standen Mattausch, die Unzelmann, später bekannt als Frau Bethmann, eine Künstlerin, gleich groß in der komischen und in der tragischen Muse. Sie wußte, wie keine zuvor, den Schillerschen Vers zu beherrschen. Mit Goethe und Schiller durch ein Gastspiel in Weimar befreundet, verhalf Iffland manchem Stücke Schillers in Berlin zur musterhaften Aufführung; so wurde für den „Wallenstein" seine Inscenierung von Wichtigkeit, weil er in dem

Heldenspieler Fleck über den besten Darsteller des Friedländers verfügte. Iffland war eifrig dafür thätig, daß Schiller nach Berlin berufen wurde, aber seine Stücke hatten von dem damaligen litterarischen Berlin eine herbe und abfällige Kritik zu erdulden. Nur das Publikum dachte anders. Freilich, nur wenigen war es vergönnt, zu erkennen, daß in den Schillerschen Dramen der Keim der Zukunft ruhte, daß die deutsche Bühne, wenn sie weiter will, immer wieder an die Schillerschen Dramen anknüpfen muß, in denen der Gedanke der Freiheit lebt. Am 22. September 1814 starb Iffland, und mit ihm endet eines der ruhmvollsten Kapitel in der Geschichte des Berliner Königlichen Schauspielhauses. Ein Jahr lang führte ein „Regie-Comité" jetzt die Geschäfte, bis im Jahre 1815 die Ernennung des Grafen von Brühl zum Generaldirektor der Hofbühnen erfolgte. Die politischen Zustände Preußens hatten sich nunmehr völlig geändert. Preußen hatte nach den ruhmreichen Befreiungskriegen seinen Glanz und seine frühere Machtstellung wiedererlangt, und so war eine durchgreifende Umwandlung der Berliner Zustände geboten. Für die Berliner Bühne schien die Zeit einer glänzenden Stellung gekommen. Das „Königliche Nationaltheater" wurde in ein „Königliches Hoftheater" verwandelt, und ein Hofbeamter trat an die Spitze beider Bühnen, der auch die bisher zurückgedrängten Hoffestlichkeiten mit zu leiten hatte. So verschwand die schlichte Bürgerlichkeit eines Iffland von der Bühne, die sich jetzt mit Vorliebe der Oper und der großen Tragödie unter Aufbietung eines größeren Luxus in Dekorationen, Requisiten und Kostümen zuwandte. Graf Brühl hatte Goethe, Herder und Wieland in Weimar zu Lehrern gehabt. So verpflanzte der neue Generalintendant den ausgesprochenen Sinn für das klassische Drama von Weimar nach Berlin. Er hielt das Theater in Verbindung mit litterarischen Größen, namentlich mit Goethe; er suchte höheren Zwecken gerecht zu werden, so daß die Brühlsche Epoche noch heute als die vornehmste, würdigste und glücklichste gilt. Graf Brühl verstand es, seine Schauspielkräfte zu schützen und zu pflegen. Und welche Kräfte hatte er! Unzelmann, Frau Stich (später Frau Crelinger), Lemm, das Wolffsche Ehepaar, diese Lieblinge und eigentlichsten Schüler Goethes, die Bethmann, Frau Unzelmann und vor allem Ludwig Devrient, diese dämonische Genialität, diesen Glanzstern des damaligen Berliner Theaters. Es lag in der Absicht Brühls, die alte Schauspielschule der Eck, Schröder und Iffland zu ersetzen, und dieser Plan wurde durchgeführt. Berlin wurde der Hauptsitz des deklamatorischen, des rhetorischen Schauspiels. Der Weimeraner Pius Alexander Wolff, der Hauptvertreter der kühlen rhetorischen Richtung, war der richtige Mann, um die Umwandlung des Ifflandschen Theaters zu fördern. Allein ein glückliches, ausgleichendes Gegengewicht gegen die vielleicht allzu große Einfachheit und Mäßigkeit der Goetheschen Schule bot in reichem Maße Ludwig Devrient.

So wurde die Berliner Bühne unter dem Grafen Brühl die erste Bühne ihrer Zeit, und die größeren und kleineren Residenzen Deutschlands beeilten sich, freilich

Das Königliche Schauspielhaus, erbaut von Langhans 1800-1802.

nicht immer mit demselben Erfolge wie in Berlin,
ihre Theater in Hofbühnen, mit Kammerherren und
Kavalieren an der Spitze, umzuwandeln.

Die gleichzeitige dramatische Produktion freilich bot
im ganzen und großen dem Berliner Spielplan nichts
Bedeutendes. Die Schicksalstragödien Müllners, Hou-
walds u. s. w. herrschten vor, und mit dem Jahre 1824
gewann Raupach die Oberhand. Shakespeare, Schiller
und Goethe, Iffland und Kotzebue blieben daher die
Glanzleistungen des Berliner Repertoires. Darstellungen,
wie sie damals von Calderons „Der standhafte Prinz"
— Wolff spielte darin die Hauptrolle — „Das Leben
ein Traum", von Goethes „Iphigenie" und „Tasso",
namentlich durch Devrient, von den meisten Shakespeare-
schen Stücken gegeben wurden, sind in gleicher Vollkommenheit kaum jemals wieder erreicht worden. —

Wir haben zum Schluß unserer Betrachtung der
Brühlschen Epoche noch zweierlei zu erwähnen. Als
Regisseure bezw. als artistische Direktoren des Schauspiels
wirkten in der Zeit von 1815—1828 Epperstadt, Weiß
und Stawinsky; als Musikdirektoren und Kapellmeister
der Oper: Ramberg und Seidel, Spontini (Generalmusikdirektor von 1820—43) und Schneider. Im dritten
Jahre der Brühlschen Verwaltung, am 29. Juni 1817,
war nach einer Probe von Schillers „Räubern" das
von C. G. Langhans erbaute Königliche Schauspielhaus
ein Raub der Flammen geworden. König Friedrich
Wilhelm III. aber gab sogleich den Befehl, ein neues
Gebäude auf dem Gensdarmenmarkt aufzuführen.
Schinkel erbaute es im griechischen Stil von 1819—20,

und am 27. Mai 1821 wurde es mit einem Prolog von Goethe und einer Aufführung seiner „Iphigenie" wieder eröffnet. Das Gebäude ist eine großartige Schöpfung der Baukunst. Die große und breite Vortreppe, die jonischen Säulen, welche die Vorhalle bilden, erwecken ungeteilte Bewunderung für die Antike.

Das Königstädtische Theater.

Das Jahr 1824 ließ in Berlin ein neues, drittes Theater, das „Königstädtische Theater", in dem Cerfschen Hause am Alexanderplatz, nahe der neuen Königstraße, erstehen. Der ehemalige Kaufmann Friedrich Cerf hatte mit Mühe und List, gegenüber dem Privilegium der Königlichen Schauspiele, die Konzession zu einer neuen Schaubühne im Jahre 1822 zu erringen gewußt. Etliche Geldmänner, wie Herz Beer, der Vater des Komponisten Meyerbeer, der Astronom Wilhelm Beer und der Schriftsteller Michael Beer waren Mitglieder des Aktienunternehmens. In dem „Königstädtischen Theater" wurden besonders die Lokalposse und die Oper gepflegt. Der Komiker Beckmann und seine Kollegen Schmolka und Polk hatten glänzende Erfolge, und als Henriette Sonntag, welche sich die Königliche Theaterintendanz hatte entgehen lassen, für das „Königstädtische Theater" als Diva gewonnen wurde, da erreichte dieses eine nie geahnte Höhe. Karl von Holtei war damals Theaterdichter und Sekretär desselben. Als Henriette Sonntag sich mit dem Grafen Rossi aber vermählte und Berlin verließ, da sank auch das „Königstädtische Theater" schnell wieder von seiner Höhe herab, bis es im Jahre 1848 in den allgemeinen Wirrnissen

Das Königliche Schauspielhaus, erbaut von Schinkel 1819-1820.

wieder einging. Der 23. Dezember 1847 war für die Berliner Theatergeschichte ein ebenso interessanter wie lehrreicher Gedenktag: Am 23. Dezember 1847 wurde im „Königstädtischen Theater," nachdem David Kalisch auf dem Theater zu — Schöneberg mit seinen Kleinigkeiten „Ein Billet von Jenny Lind" und „Herr Karoline" bereits die Feuertaufe bekommen hatte, zum ersten Male eine Posse „Einmalhunderttausend Teufel" aufgeführt, und damit begann die neue Zeit für die Berliner Lokalposse. Hier trat zum ersten Male das politische Kouplet zu Tage, das der Breslauer Handlungskommis von der Seine mitgebracht hatte. Wenngleich der Verfasser nun mit einem Schlage zur Lokalberühmtheit wurde, so hatte dies ihm finanziell fürs erste wenig genützt. Von dem Direktor Cerf erhielt Kalisch das Honorar von 100 Thalern, und nach der 50. Vorstellung — man staune — noch einmal 50 Thaler ....

Bis zur Mitte der dreißiger Jahre des 19. Jahrhunderts gab es also nur das „Königliche" und das „Königstädtische Theater", dessen Direktor Cerf eine große Volkstümlichkeit besaß.

Das höhere Drama war im alleinigen Besitz des Hoftheaters, und selbst das neue, feinere Lustspiel durfte erst nach Jahresfrist auch von dem Königstädtischen Theater gegeben werden. So blieb diesem wesentlich mehr das Volksstück und die Lokalposse vorbehalten, und in Beckmann hatte es einen vorzüglichen Komiker.

Die Königliche Bühne beherrschte um diese Zeit

der überaus fruchtbare Raupach mit seiner fabrikmäßigen Ware immer mehr.

Graf von Brühl war bis 1828 Generalintendant der Königlichen Schauspiele gewesen. Ihm folgte nach einem Provisorium Graf von Redern (1831—1842). Nach Ludwig Devrients Tode (30. Dezember 1832) hatte das höhere Schauspiel allmählich die Charakterzeichnung verloren, es wurde mehr oder weniger Deklamation. Das Herausdrängen von Sachverständigen aus der Leitung der Theater, wie dies bei allen Hoftheatern geschah, schädigte das deutsche Theater oft sehr tief. So hatte Graf Redern schwere Zeiten zu überwinden, um so mehr, als der Tod auch Lemm und Rebenstein dahinraffte und einige Kräfte von Ruf abgingen. Dennoch erzielten Künstler, wie Stawinsky, Seydelmann, Rott und Gera, die Damen Crelinger, Ch. Hayn, Klara Stich, große Erfolge, die in der Geschichte der deutschen Schauspielkunst verzeichnet sind.

In der Oper hatte Spontini, welcher gegen die Intendanten bevorzugt wurde, durch seine Förderung äußerer Pracht die Finanzmittel arg zerrüttet und den Sinn nur auf das Äußere gerichtet. Ein erfreuliches Zusammenspiel wurde selten; der Einfluß der Meister der früheren Kunstperiode war gelähmt. Im Königlichen Schauspielhause waren Raupachs Hohenstaufenstücke zugleich Ausstattungsstücke, und die deklamatorische Jambentragödie Raupachs, Eduard von Schenks, Michael Beers in voller Herrschaft. Allein neben ihnen finden wir auch Üchtritz und Immermann, Grillparzer, Hebbel, Gutzkow und Laube.

Das Königstädtische Theater, erbaut 1824.

Kapitel IV.

Die Königlichen Theater unter Friedrich Wilhelm IV., Wilhelm I. und Wilhelm II.

Im Jahre 1840 legte König Friedrich Wilhelm III. sein Haupt zum letzten Schlummer, und Friedrich Wilhelm IV., von hohen Kunstinteressen beseelt und Romantiker von Geist, bestieg den Thron seiner Väter. Berlin zählte damals 330,270 Einwohner.

Im Jahre 1842 trat Graf von Redern zurück, und Theodor von Küstner wurde von München zum Generalintendanten berufen und gleichzeitig Meyerbeer zum Generalmusikdirektor. Theodor von Küstner leitete die Hofbühne bis 1851; als Regisseur war unter ihm thätig: Stawinsky; als Kapellmeister an der Oper wirkten Taubert (1845—68), Nicolai (1848—49) und Dorn (1849—69).

Die Berliner Intendanz Theodor von Küstners erschloß anfangs den modernen litterarischen Bewegungen die Pforten des „Hoftheaters", und es war eine verheißungsvolle Zeit deutscher Dramatik, denn Litteratur und Bühnendrama fielen zusammen. Gutzkows, Laubes, Freytags erste Dramen kamen mit Erfolg zur Aufführung. Robert Prutz' „Moritz von Sachsen" aber wurde nach der ersten Aufführung wieder verboten, und sein „Erich XIV." kam nicht mehr zur Darstellung. Hingegen erlangten die Stücke der Birch-Pfeiffer bald die Herrschaft. Man kann Küstner hierfür nicht verantwortlich machen, sondern nur die Strömung der Zeit. Theodor von Küstner hatte eine langjährige praktische Erfahrung als Bühnenleiter hinter sich; er berief Döring, Hendrichs, die Hoppé, die Viereck und später Dessoir. Tieck wurde Dramaturg, die Berliner Shakespeare-Aufführungen erweckten allgemeines Interesse. König Friedrich Wilhelm IV. veranlaßte die Darstellung griechischer Tragödien mit Musik. Antigone und Ödipus kamen auf die Bühne, und Tiecksche Märchen wurden inscenirt. Das Publikum nahm die Vorstellungen dankbar auf; ihm ward zur Bekanntschaft mit dem griechischen Drama verholfen. Aber auch schwere Zeiten hatte Theodor von Küstner durchzumachen. Am 17. August 1843 brannte das Opernhaus nieder. Es wurde aber an derselben Stelle und nach den früheren Plänen von Baurat Langhans d. J. wieder aufgebaut und am 17. Dezember 1844 wieder mit Meyerbeers „Feldlager in Schlesien" eröffnet. Die Inschrift auf der Vorderseite des in einfachen klassischen Formen erbauten Hauses trägt noch heute die Inschrift: „Apollini et Musis". Korinthische Säulen stützten den Porticus, im Giebelfelde befindet sich eine Gruppe aus Zinkguß, die von Rietschel entworfen wurde: in der Mitte die Musik, rechts die tragische und die komische Muse mit dem neckenden

Das Königliche Opernhaus, erbaut von Langhans d. J. 1843-1844.

Satyr, der dramatische Dichter mit den Künsten der Malerei und Bildhauerkunst, links eine tanzende Gruppe mit drei Grazien. Das Gebäude ist von vornehmer Schönheit; es hat einen herrlichen Konzertsaal, der mit den Büsten hervorragender Künstler geschmückt ist und während der Pausen als Foyer vom Publikum benutzt wird. Der Zuschauerraum faßt 1651 Personen. Auch die stürmischen Revolutionsjahre von 1848—49 bereiteten der Küstnerschen Intendanz manches Schwere, und Küstner war der Lage nicht immer gewachsen. Im Jahre 1851 wurde er pensioniert. Zwei Thatsachen aber zählen noch zu seinen Hauptverdiensten: die Einführung der Tantième für dramatische Schriftsteller (1844) und die Gründung des Bühnen-Kartell-Vereins (1846).

Am 1. Juni 1851 übernahm Botho von Hülsen, vermählt mit Helene, geb. Gräfin Häseler, die Generalintendanz der Königlichen Schauspiele. Berlin zählte damals 483,900 Einwohner. Länger als irgend ein Intendant, mehr als 35 Jahre, stand Botho von Hülsen den Königlichen Bühnen vor. In seine Zeit fallen die großen Kriege von 1864, 1866 und 1870/71, die letzten Regierungsjahre König Friedrich Wilhelms IV. und der größte Teil der herrlichen, glänzenden Regierung König und Kaiser Wilhelms I.

Unter Botho von Hülsen waren Stawinsky, Düringer, Hein, Deetz als Regisseure bezw. als artistische Direktoren des Schauspiels, thätig; als Regisseure bezw. Direktoren der Oper Wagner, Hein, Ernst, v. Strantz. Als Musikdirektoren und Kapellmeister wirkten Meyerbeer, Taubert, Dorn, Eckert, Radecke, Kahl. Direktor des Ballets war von 1856—1883 Taglioni. Wenn wir von vornherein Botho von Hülsens Herrschaft charakterisieren sollen, so müssen wir die Ausübung strenger Gerechtigkeit ohne Ansehen der Person als sein erstes Streben bezeichnen. Er reformierte die disziplinarischen Verhältnisse an den Königlichen Bühnen, stellte ein geordnetes Inventar her und richtete als Gegner des modernen Virtuosentums sein Hauptaugenmerk auf ein harmonisches Ensemble. Die Oper und das Ballet genossen seiner besonderen Pflege; allein er war bemüht, im Schauspielhaus auch den klassischen Werken der Litteratur gebührende Rücksicht zu tragen, und manchem jungen Schriftsteller hat er die Thore der Hofbühne geöffnet. Botho von Hülsen erfaßte seine Aufgabe mehr vom praktisch-administrativen Standpunkt aus, nicht so sehr vom poetisch-artistischen, wie z. B. ein Dingelstedt, welcher ausgerüstet mit der umfassenden Bildung eines Gelehrten und dem Temperament eines Dichters war, der, wie Botho von Hülsen in Berlin, im Jahre 1876 als Leiter der Münchener Hofbühne sein 25 jähriges Jubiläum feierte.

Ernste künstlerische Bestrebungen können Botho v. Hülsen aber nicht abgesprochen werden, wie Prof. Karl Frenzel mit Recht im Jahre 1876 in der Nationalzeitung betonte. Botho von Hülsen vermochte zwar nicht die Birch-Pfeiffersche Dramatik in ihrer Herrschaft einzuschränken, aber, wenn man die lange Liste der Stücke durchgeht, welche während seiner Leitung der Hofbühnen zur Aufführung kamen, so wird man kaum einen bedeutenden Namen vermiſſen. Freilich nur ein einziger, Emil Brachvogel, hat mit ſeinem „Narciß" Erfolge erzielt, die den Birch-Pfeifferſchen gleichkommen. Auch Hebbels „Nibelungen" haben mächtige Wirkung ausgeübt, während Otto Ludwigs und Grillparzers Dramen ſich in Berlin, trotz der wiederholten, anerkennungswerten Verſuche, noch nicht einzubürgern vermochten. Der klaſſiſchen Kunſt, der poetiſchen wie muſikaliſchen, hat Botho von Hülſen ſtets einen großen Raum in dem Spielplan beider Häuſer geſchenkt. Zu dem glänzenden Erfolge von Brachvogels „Narciß" trug übrigens das Spiel Ludwig Deſſoirs weſentlich bei, der mit Hendrichs, Theodor Döring, Theodor Liedtke, Berndal, Ludwig, Kahle u. a. m. und den Damen, wie Auguſte Crelinger Lina Fuhr, Edwina Viereck, Clara Hoppé, Thereſe Döllinger, Frau Niemann-Raabe, Luiſe Ehrhardt, Frau Frieb-Blumauer u. a. die Hülſenſche Epoche mit Glanz umgab. Auch in der Oper wirkten Künſtler, wie Betz, Formes, Womorsky, Fricke, Wachtel, Niemann, Krolop, Rothmühl und von Damen die Jachmann-Wagner, Cöſter, die Lucca, die Mallinger, Luiſe Harres-Wippern, die Trebelli, die Artôl, Minnie Hauck, Frau Etelka Gerſter, Frau von Voggenhuber, deren Namen in der Theatergeſchichte Berlins unvergeßlich ſind.

Das Jahr 1866 gab Botho von Hülſen auch die Oberaufſicht über die Hoftheater zu Kaſſel, Hannover und Wiesbaden, ein Umſtand, der von ihm neue und große Arbeit und Verantwortlichkeit verlangte. Aber wohl größer ſind ſeine Mühen und Verdienſte noch um den „deutschen Bühnenverein" gewesen, wo sich für sein organisatorisches Talent das rechte Feld darbot.

Botho von Hülsen schied am 30. September 1886 aus dem Leben, nachdem er noch kurz zuvor den Wildenbruchschen Dramen die Hofbühne geöffnet hatte. Sein Nachfolger wurde der musikalisch reich begabte und feingebildete Bolko Graf von Hochberg, als Sohn des Fürsten Pleß am 23. Januar 1843 auf Schloß Fürstenstein geboren. Unter ihm waren bezw. sind noch Arthur Deetz, Anno, Otto Devrient, Max Grube als Regisseure oder Direktoren des Schauspiels thätig; in der Oper von Strantz und Karl Tetzlaff.

Als Kapellmeister wirken noch jetzt Felix Weingartner, Strauß, Dr. Carl Muck, Josef Sucher. Musikdirektor des Schauspielhauses ist Ferdinand Hummel. Direktor der Theaterintendantur ist seit 1888 der verdienstvolle und thätige Geh. Regierungsrat Henry Pierson. Berlin zählte im Jahre 1886 nahezu 1 500 000 Einwohner. In das Jahr 1887 fiel die Feier des 100 jährigen Jubiläums des Königlichen Theaters. Bereits 1853 hatte man das Schauspielhaus, den Verhältnissen Rechnung tragend, ausgebaut, und später geschah dies noch öfters, besonders 1894, im Interesse erhöhter Feuersicherheit. Die großartige maschinelle Bühneneinrichtung stammt dagegen aus dem Jahre 1888, und zwar von dem Oberinspektor Brandt her. Der Zuschauerraum des Schauspielhauses faßt nunmehr über 1044 Personen und kann sich in 2 Minuten entleeren. Auch das Königliche Opernhaus wurde 1895 aus Sicherheits- und Verschönerungszwecken ausgebaut. Es faßt 1651 Personen;

Parket und Bühne können zu einem großen Saal vereinigt werden.

In den Anfang der Generalintendanz des Grafen von Hochberg fallen zwei schmerzliche Ereignisse: das Hinscheiden Kaiser Wilhelms I. und Kaiser Friedrichs. Am 15. Juni 1888 bestieg Kaiser Wilhelm II. den Thron seiner Väter. Nun brach die eigentliche Wildenbruchsche ;Aera für das Königliche Schauspielhaus an, bezeichnet durch die Erfolge der „Quitzows", des „Neuen Herrn" u. s. w. An die Stelle Otto Devrients, der die moderne Litteratur allzusehr vernachlässigte, war der begabte Max Grube als Oberregisseur des Schauspielhauses am 14. Dezember 1890 getreten.

Es war dies ein glücklicher Schritt, denn noch mehr als in den letzten Jahren von Botho von Hülsens Herrschaft war das Schauspiel in den Hintergrund gedrängt worden, was schon 1883 die Begründung des „Deutschen Theaters" zur Folge gehabt hatte.

Max Grube kam von den Meiningern nach Berlin; groß sind seine Leistungen als Darsteller von Charakterrollen. Das größte Verdienst der jetzigen Leitung besteht wohl darin, daß sie neben Wildenbruch auch die übrige moderne dramatische Dichtung berücksichtigte. Ibsen, Gerhard Hauptmann, Max Dreyer, Ludwig Fulda und andere kamen zur Geltung. Und daneben wurden die Klassiker eifrig gepflegt, und von Hebbels gewaltige Dichtungen, besonders „Genoveva" und „Judith", wurden gefördert. Gutzkow, dessen „Zopf und Schwert" bisher auf der Königlichen Bühne nicht erscheinen konnte, fand neben anderen sein Recht. Das Künstlerpersonal wurde im Schauspiel vermehrt. Paula Konrad und Rosa Poppe, bis dahin zurückgesetzt, wurden hervorgezogen, wie sie es verdienten. Das Künstlerpersonal wies bald hervorragende Kräfte auf, wie Max Grube, Christians, von Hochenburger, Kraußneck, Adalbert Matkowsky, Molenar, Nesper, Oberländer, Max Pohl, Purschian, Vollmer u. s. w.; unter den Damen Paula Conrad, Franziska Ellmenreich, Bertha Hausner, Anna Haverland, Anna von Hochenburger, Amanda Lindner, Vilma von Mayburg, Rosa Poppe, Anna Schramm u. s. w.

Auch in der Oper glänzten Namen wie Betz, Bulß, Gudehus, Krolop, Lieban; ferner Marie Goetze, Emilie Herzog, Ida Hiedler, Bertha Pierson-Brethol, Rosa Sucher u. s. w.

Ueberall wurde von dem Grafen Hochberg verständnisvoll reorganisiert, in der Oper, im Schauspiel, im Ballet und Orchester. In der Oper wurde eine Fülle neuer Werke dem Repertoire eingereiht, die ihre erste Aufführung in Berlin gefunden hatten: Mascagnis „Freund Fritz" und die „Rantzau"; Leoncavallos „Bajazzi", Hummels „Mara", Kienzls „Evangelimann" und andere.

Der künstlerische Fleiß der Opernleitung wandte sich daneben vielen Novitäten zu, und vor allem wurde man unter der neuen Intendanz dem Genius Richard Wagners gerecht. Erst Graf Hochberg hat „Rheingold" und die „Götterdämmerung" in den Spielplan aufgenommen; Mozart, Gluck, Weber, Meyerbeer, Lortzing, Kreutzer u. a. wurden in würdiger Weise vorgeführt. So hat die Epoche des Grafen von Hochberg 1896 ein befriedigendes Jahrzehnt zurückgelegt und auch für ferneren Jahre hoffen wir auf das Beste. Es darf vor allem nicht vergessen werden, daß die Königlichen Theater dem hohen Kunstsinne Kaiser Wilhelms II. in ihrer Förderung und Unterstützung viel verdankten und noch verdanken werden.*

---

*) Anläßlich seines zehnjährigen Regierungsjubiläums im Jahre 1898 äußerte der Kaiser zu den Bühnenkünstlern:

„Ich habe Sie gebeten, sich hier einzufinden, weil Ich wünschte, daß Sie an dem heutigen Feste teilnehmen sollten wie alle Anderen, die heute zu Mir gekommen sind und mit Mir feiern.

Als Ich vor zehn Jahren zur Regierung kam, da trat Ich aus der Schule des Idealismus, in welchem Mich Mein Vater erzogen hatte. Ich war der Ansicht, daß das Königliche Theater vor allen Dingen dazu berufen sei, den Idealismus in unserem Volke zu pflegen, an welchem es, Gott sei Dank, noch so reich ist, und dessen warme Wellen noch in seinem Herzen reichlich quellen. Ich war der Ueberzeugung und hatte Mir fest vorgenommen, daß das Königliche Theater ein Werkzeug des Monarchen sein sollte, gleich der Schule und der Universität, welche die Aufgabe haben, das heranwachsende Geschlecht heranzubilden und vorzubereiten zur Arbeit für die Erhaltung der höchsten geistigen Güter unseres herrlichen deutschen Vaterlandes. Ebenso soll das Theater beitragen zur Bildung des Geistes und des Charakters und zur Veredelung der sittlichen Anschauungen. Das Theater ist auch eine Meiner Waffen.

Es liegt Mir am Herzen, Ihnen Allen Meinen innigsten herzlichsten, tiefgefühltesten Königlichen Dank für die Bereitwilligkeit, mit der Sie sich dieser Aufgabe unterzogen haben, auszusprechen. Den hohen Erwartungen, die Ich von dem Personal Meiner Oper und Meines Schauspiels gehegt habe, haben Sie vollständig entsprochen. Es ist die Pflicht eines Monarchen, sich um das Theater zu kümmern, wie Ich es an den Beispielen

Meines hochseligen Vaters und Großvaters gesehen habe, eben weil es eine ungeheure Macht in seiner Hand sein kann, und Ich danke Ihnen, daß Sie unsere herrliche, schöne Sprache, daß Sie die Schöpfungen unserer Geistesheroen und derjenigen anderer Nationen in so hervorragender Weise zu pflegen und zu interpretieren verstanden haben. Ich danke Ihnen ferner, daß Sie auf alle Meine Anregungen und Wünsche eingegangen sind. Ich kann es mit Freude sagen, daß alle Länder mit Aufmerksamkeit die Königlichen Theater in ihrer Thätigkeit verfolgen und mit Bewunderung auf Ihre Leistungen blicken. Ich habe die feste Ueberzeugung, daß die Mühe und Arbeit, die Sie auf Ihre Darstellungen verwendet, nicht vergeblich gewesen sind. Ich bitte Sie nun, daß Sie Mir fernerhin beistehen, jeder in seiner Weise und an seiner Stelle, im festen Gottvertrauen dem Geiste des Idealismus zu dienen und den Kampf gegen den Materialismus und das undeutsche Wesen fortzuführen, dem schon leider manche deutsche Bühne verfallen ist. Und so wollen Sie in diesem Kampfe fest bestehen und in treuem Streben ausharren. Halten Sie sich versichert, daß Ich jederzeit Ihre Leistungen im Auge behalten werde, und daß Sie Meines Dankes, Meiner Fürsorge und Meiner Anerkennung gewiß sein können."

Kapitel V.

Die übrigen Berliner Theater.

Wir hatten, um den Zusammenhang und den Faden in unserer Darstellung nicht abzubrechen, vom Jahre 1786 ab unsere Betrachtung nur der Entwickelung und der Geschichte der Königlichen Hofbühne zugewandt. Es liegt uns nunmehr ob, die Entwickelungsgeschichte der übrigen Berliner Theater zu verfolgen. Wir wenden daher in chronologischer Reihenfolge den übrigen Bühnen, soweit sie für die Theatergeschichte Bedeutung haben, unsere Blicke zu.

Wir haben erwähnt, daß bereits in der Zeit der Theaterintendanz von Brühls das „Königstädtische Theater" begründet wurde. Zur Zeit der Theaterintendanz Botho von Hülsens, also in der zweiten Hälfte des 19. Jahrhunderts, schossen neue Theater allmählich wie Pilze aus der Erde. Ihre Entstehung hatte nicht nur ihren natürlichen Grund in der ungeheuer sich vermehrenden Bevölkerung Berlins, sondern auch in dem Umstande, daß die Königliche Bühne, durch ihre Ueberlieferungen in ihrem Repertoire beengt, aus künstlerischen, politischen oder konfessionellen Gründen nicht diesem oder jenem dramatischen Erzeugnis ihre Thore öffnen konnte, endlich auch in dem Gesetze von dem freien Wettbewerb.

Bleiben wir also bei der zeitlichen Reihenfolge, so haben wir hier zunächst

das Krollsche (jetzige „Neue Opernhaus")
zu berücksichtigen, und wir bedauern nur, daß uns für die Darstellung der nachstehenden, zum Teil so wichtigen Privattheater, das Material nur in so geringem Maße zur Verfügung stand.*) Wir werden uns daher auf allgemeine Umrisse beschränken müssen.

Auf Veranlassung König Friedrich Wilhelms IV. wurden im Jahre 1843 am Königsplatz die ersten Anlagen auf fiskalischem Boden zu dem oben genannten großartigen Etablissement vorgenommen. Am 15. Februar 1844 fand unter Josef Krolls Leitung die Eröffnung desselben statt, und am 27. Juni 1850 wurde auch das von Friedrich Titz erbaute „Krollsche Theater" seiner Bestimmung übergeben. Die erste Darstellung „Stadt und Land" gab Direktor Böttner aus Erfurt. Im Jahre 1851 vernichtete eine Feuersbrunst den Bau, aber der Neubau wurde bereits am 2. Dezember 1852 wieder eröffnet. Der Schwiegersohn Krolls, J. E. Engel, übernahm die Direktion; er engagierte eine Possen- und Vaudevillegesellschaft und machte das beifallspendende Berliner Publikum bald mit den damaligen internationalen Theaterberühmtheiten bekannt. Mit Erfolg pflegte Engel nebenbei die Sommeroper und seine Gartenkonzerte, die er selbst leitete. Unter den Regisseuren

---

*) Dankbar sind wir hier besonders Th. Schenks Illustriertem Führer durch die Berliner Theater. Berlin 1894. Verlag von Borstell & Reimarus.

begegnen wir Woltersdorff. Brachvogel, der Verfasser des „Narciß", war einige Zeit Sekretär an der Kroll-schen Bühne.

Leider konnte sich wegen zu großer Schuldenlast das Theater nicht halten; da erstand Engel im Versteigerungstermin am 1. Oktober 1862 das Grundstück, und von dieser Zeit datierte der eigentliche Aufschwung des Theaters am Königsplatz.

In den Jahren 1866 und 67 war Adolf L'Arronge Kapellmeister an der Bühne, und sie brachte seine erste Posse „Das große Los".

Von 1877—79 war Rudolf Bial Pächter des Theaters; Etelka Gerster und Adelina Patti gastierten dort. Aber schon 1879 übernahm Engel wieder die Leitung und führte sie bis zu seinem Tode. Während des Winters gaben in „Krolls Theater" andere Gesellschaften, z. B. das Wallnertheater unter Lebrun, Gastspiele. Engel beschränkte sich nur auf die Sommeroper.

Künstler und Künstlerinnen, wie Wachtel, Nachbaur, Scaria, Schott, Bulß, Marzella Sembrich, die Prevosti u. a. feierten hier Triumphe. Am 27. Juni 1888 starb Engel; sein Sohn Josef übernahm nunmehr die Leitung. Er erweiterte sein Programm und lud Gemma Bellincioni, Etelka Gerster, Minnie Hauck, Katharina Klafsky, Emma Devada, Frau Moran-Olden, Marcella Sembrich, ferner Boetel, d'Andrade, Emil Goetze, Padilla u. a. zu Gastspielen. Josef Engel verpachtete dann das „Krollsche Theater" an eine Aktiengesellschaft, die es lediglich als Konzerthaus am 12. Mai 1894 wieder eröffnete. Im folgenden Jahre aber trat die Königliche Theaterintendantur die Pachtung an; unter dem Namen „Neues Königliches Operntheater", welches 3000 Personen faßt, spielt dort die „Sommeroper", an die das Berliner Publikum so sehr gewöhnt ist, und im Garten finden im Sommer tägliche Konzerte statt. Im Winter wird nur Sonntags ein Schau- oder Lustspiel zu ermäßigten Preisen gegeben. Das Unternehmen der Königlichen Theaterintendantur hat lebhaften Beifall und Dank gefunden und verdient einen Platz in der Berliner Theatergeschichte.

In zeitlicher Reihenfolge erstand in der zweiten Hälfte des 19. Jahrhunderts das

„Berliner Theater"

in der Charlottenstraße. Freilich führte es bei seiner Begründung im Jahre 1850 zuerst den Namen „Walhalla-Theater". Mit einer halben Million wurde das bisherige, meist Operetten dienende Theater 1888 umgebaut. Stattliche Säulen an seiner Vorderseite tragen das Giebelfeld, geschmückt mit plastischen Göttergestalten, und Wappenschilde über den Fenstern des ersten Stockwerkes führen in vergoldeten Buchstaben die Namen: Schiller, Goethe, Lessing, Molière, Kleist. Es war die Absicht, das „Berliner Theater" zu einem guten Volkstheater zu erheben, daher ist seine innere Anlage so bequem und geräumig, daß es 1600 Personen faßt.

Am 16. September 1888 wurde es als „Berliner Theater" unter der Direktion von Ludwig Barnay eröffnet und zwar mit Schillers „Demetrius" und dem Laubeschen Schluß. Barnay leitete sechs Jahre lang die Bühne; er sorgte für ein gutes Ensemble, führte

Das Berliner Theater.

„König Oedipus", den „gefesselten Prometheus", die „Phönizierinnen" neben Schillers, Goethes und Shakespeares Dramen auf und brachte zum erstenmale Grillparzers „Esther Fragment" und endlich Kleists „Käthchen von Heilbronn" und Molières „Der Geizige".

Am 1. September 1893 übernahm der Direktor des Lessingtheaters, Oskar Blumenthal, auch die Leitung des „Berliner Theaters". Seine Absicht war, dem Theater den Charakter eines Volksschauspielhauses zu erhalten. An Stelle der früheren Barnayschen Künstlertruppe setzte sich das Ensemble fortan aus Otto Sommerstorff, Claudius Merten, Rudolf Rettig, Nuscha Butze, Teresina Geßner u. a. zusammen. Von den Mitgliedern des „Lessingtheaters" wirkten je nach den Stücken bewährte Kräfte am „Berliner Theater" mit.

Am 1. September 1895 übernahm indes Aloys Prasch, bis dahin Hoftheaterintendant in Mannheim, die Leitung des „Berliner Theaters" und führt sie mit glücklicher Hand bis zur Gegenwart. Er verfügt über gute Kräfte; seine Gattin, Frau Auguste Prasch-Grevenberg, ist seine treue Gehilfin und eine vortreffliche Künstlerin. Otto Sommerstorff, Teresina Geßner, Marie Pospischill, Margarete Condeur, Margarete Rupricht, Otto Schmelzer wirken zur Zeit noch im Ensemble. Wildenbruchs „König Heinrich" und „Goethes Faust" II. Teil gingen u. a. unter Praschs Direktion in Scene.

Ein Theater von gleich vornehmer Richtung ist das

„Deutsche Theater"
in der Schumannstraße. Das Gebäude wurde von dem Architekten Titz errichtet und von Friedrich Wilhelm Deichmann am 18. Mai 1850 als „Friedrich Wilhelmstädtisches Theater" eröffnet. Deichmanns Versuch, der Königlichen Oper Konkurrenz zu machen, scheiterte, und bereits 1851 starb sein Kapellmeister Lortzing, der volkstümliche Komponist. Deichmann wandte sich von der Oper dann dem feineren Lustspiel zu; er führte zuerst Gustav Freytags „Journalisten" auf. Im Jahre 1861 trat Theodor Wachtel in das treffliche Ensemble des „Friedrich Wilhelmstädtischen Theaters" ein, wo Künstler wie Sonnenthal, Lewinsky, Auguste Baudius, Friederike Bognar u. a. gastierten. Aber auch die Posse wurde gepflegt, die ihren größten Beifall im „Maschinenbauer von Berlin" erzielte. Dann folgten hier die großen Offenbach-Erfolge. 1872 erfuhr das Gebäude unter Hermann Richter einen großen Umbau und es ging nun in den Besitz des Verlagsbuchhändlers Hoffmann über. Seine Erben verkauften es an Adolf L'Arronge, der 1881 das Theater an Julius Fritsche verpachtete. Im Jahre 1883 wurde es dekorativ ausgebaut. Julius Fritsche siedelte in das „Woltersdorffsche Theater" in der Chausseestraße über, und am 23. September 1883 wurde es als „Deutsches Theater", welches Raum für 1000 Zuschauer hat, unter der Societät von L'Arronge, August Förster und Siegwart Friedmann eröffnet. Als die letzteren ausschieden, blieb als Direktor allein der eigentliche Begründer der Bühne: Adolf L'Arronge.

Das „Deutsche Theater" hat unter L'Arronge und Förster reformatorisch gewirkt; es war eine Schule für Regisseure und Schauspieler. Sommerstorff, die Sorma, Geßner, Pospischil, Frauendorfer, Reisenhofer, Dumont u. a. zierten es. Im Jahre 1884 übernahm Dr. Otto Brahm die Leitung desselben; er hat ein vortreffliches Ensemble geschaffen. Josef Kainz, Hermann Nissen, Emanuel Reicher, Engels übten mit Agnes Sorma, Auguste Wilbrandt-Baudius u. a. große Anziehungskraft aus. Shakespeares „Hamlet", mit Kainz in der Titelrolle, Wilbrandts „Der Meister von Palmyra" u. a. kamen zur Aufführung. Sudermann, Gerhard Hauptmann, Max Halbe errangen dort glänzende Erfolge. Hauptmanns „Versunkene Glocke" erreichte 1898 seine zweihundertmalige Aufführung.

Wir haben bereits das

Friedrich Wilhelmstädtische Theater

genannt. Es wurde unter diesem Namen 1850 in der Schumannstraße eröffnet und 1883 in das, im Jahre 1848 von Karl Callenbach begründete Woltersdorff- und Friedrich Wilhelm-Theater in der Chausseestraße verlegt, wo die Komiker Helmerding und Thomas zuerst aufgetreten waren. Von 1859—1865 führte Meysel die Leitung, bis es Woltersdorff übernahm, der ihm seinen Namen gab. Unter Meysel wirkte von 1862 ab Chronegk, der spätere Oberregisseur der Meininger, als junger Gesangskomiker; Mitell, Haase, Hendrichs u. a. gastierten. Ohne sichtlichen Erfolg war das Theater darauf in verschiedenen Händen, so daß es den Spitznamen „das Erbbegräbnis" erhielt. Dann kaufte es

Julius Fritsche und ließ es im Jahre 1883 von dem Architekten Titz vollständig umbauen, so daß es nunmehr 1500 Personen umfaßt. Am 3. Oktober desselben Jahres wurde das „Friedrich Wilhelmstädtische Theater" aus der Schumannstraße, wo das „Deutsche Theater" erstand, in das Woltersdorffsche Theater in der Chausseestraße verlegt und führt hier seinen altbekannten Namen „Friedrich Wilhelmstädtisches Theater" weiter. Es hat einen großen Konzertgarten, in dem im Sommer Doppelkonzerte stattfinden, und giebt auch Klassikervorstellungen. Sein jetziger Leiter ist Max Samst, der 1896 Grabbes „Barbarossa" auf die Bühne brachte.

Ein rechtes volkstümliches Theater ist das

Schillertheater

in der Wallnertheater-Straße. Es wurde in den Jahren 1863—64 von Titz erbaut und als „Wallnertheater" am 3. Dezember 1864 eröffnet.

Der Begründer des Theaters ist Franz Wallner, welcher die Direktion bis 1868 führte. Unter ihm, im September 1860, debutirte Hedwig Rabe. Wallner trat die Leitung im Jahre 1868 an Theodor Lebrun ab. Das Wallnertheater erlebte mit seinen vortrefflichen Kräften, wie Helmerding, Ernestine Wegner, Anna Schramm, Formes, ferner Kurz, Engels, Blenke, Kadelburg u. a., eine Blütezeit. Im Jahre 1885 trat Lebrun zurück, das Gebäude wurde umgebaut, so daß es nunmehr Raum für 1300 Personen hat. Ein Jahr lang, bis 1886 führte Hasemann die Direktion, dann übernahmen dieselbe die Gebrüder Heinrich und Franz Wallner. Im Jahre 1892 legten auch sie die Leitung nieder; ihnen folgte Stanislaus Lesser, der aber vollständig scheiterte. Am 30. August 1894 ging das „Wallnertheater" in das jetzige „Schillertheater" unter Beihülfe von hochherzigen Bürgern, die ein Kapital von 1 000 000 Mk. aufbrachten, über. Der Leiter des nun als Aktiengesellschaft begründeten „Schillertheaters" wurde Raphael Löwenfeld. Im Jahre 1897 wurde eine Erhöhung des Betriebskapitals um weitere 1 000 000 Mk. beschlossen.

Das Schillertheater pflegt Schauspiel und Lustspiel und ist für viele Tausende minder Begüterte ein echtes Volkstheater, eine Stätte geistigen Genusses bei seinen beispiellos billigen Eintrittspreisen. Es huldigt in seinem Programm weder einseitig dem Idealismus noch dem Realismus. Für das „Schillertheater" hat alles Berechtigung, was in schöner Form edle Gedanken ausdrückt, denn jeder große Dichter hat seine eigene Weltanschauung. Neben den regelmäßigen Abendvorstellungen giebt das „Schillertheater" auch besonders Aufführungen klassischer Stücke für die erwachsene Jugend.

Wir kommen nunmehr in zeitlicher Reihenfolge, nicht nach ihrer Bedeutung, zum

Central-Theater (Thomas-Theater)

in der Alten Jakobstraße.

Im Jahre 1861 wurde aus einem Teile des „Orpheums" das „Reunion-Theater" gebildet, dem Direktor Henne einen gewissen Aufschwung gab. Glücklicher als er war aber noch Adolph Ernst, welcher das Theater im Jahre 1880 übernahm und ihm den Namen „Centraltheater" gab. 1887 legte Adolph Ernst die Leitung nieder; ihm folgte Emil Thomas. Dieser neue Direktor ließ das Gebäude im Jahre 1890 von dem Architekten F. Titz umbauen und benannte es „Thomastheater". Bald ging aber Thomas mit seiner Truppe in das Ausland, und das Theater wurde nur von gastierenden Truppen benutzt. Im Jahre 1893 übernahm Richard Schulz die Direktion und gab dem Theater wieder den Namen „Centraltheater". Es pflegt besonders die Berliner Posse. Der Zuschauerraum umfaßt 1200 Personen; im schönen Sommergarten werden Konzerte veranstaltet. 1898 übernahm Ferenczy die Direktion unter verändertem Programm.

Das Belle-Alliance-Theater, in der Straße gleichen Namens, welches meist der leicht geschürzten Muse dient, wurde am 23. Juni 1853 unter der Direktion August Wolfs ins Leben gerufen, und zwar in einer Gegend Berlins, die damals noch eine ländliche Gegend war und in einer Form, die nicht über das einfachste Vaudevilletheater hinausging. Als im Jahre 1869 die Theaterfreiheit eintrat, vergrößerte Wolf sein Theater zu einem ansehnlichen Volkstheater, ja, er ließ sogar klassische Stücke aufführen. Im Anfang der achtziger Jahre gastirten berühmte Kräfte in Schau- und Lustspielen. Am 1. Juli 1888 trat der Begründer und Leiter August Wolf in das Privatleben zurück. Bis September 1897 führten die Direktion Chs. F. Maurice und J. Treumann, dann übernahm Georg Dröscher dieselbe, der die Bühne von künstlerischem Gesichtspunkte aus leitet trotz aller Kämpfe. Georg Dröscher brachte Ibsens „Kaiser und Galiläer", Grabbes „Napoleon" u. s. w. würdig zur Darstellung. Sein Streben verdient alle

Unterstützung. Das Theater faßt 1600 Personen und hat einen schönen Sommergarten.

Im Jahre 1867 wurde das
Thalia-Theater
in der Dresdenerstraße erbaut und führte zuerst den Namen „Luisenstädtisches Theater", in dem meist Possen zur Aufführung kamen. Im Jahre 1888 wurde es umgebaut und erhielt den Namen „Adolph Ernst-Theater" nach seinem neuen Direktor Adolph Ernst, welcher bereits im Jahre 1879 das „Luisenstädtische Theater" geleitet hatte. Das ganz bedeutungslos gewordene Theater hob Adolph Ernst mit seiner „Spezialität", der „Adolph Ernst-Posse". 1890 wurde das Theater durch den Baumeister Gause mit einem Kostenaufwand von 230 000 Mark umgebaut und hat nun Raum für 1349 Personen, daneben einen hübschen Garten. Als der Geschmack des Publikums an der Posse nachließ, brachte Adolph Ernst 1893 die englische Burleske mit „Charleys Tante" auf die Bühne, und sein Erfolg war groß. Im Jahre 1895 übernahm die Leitung des „Thalia-Theaters" Wilhelm Hasemann. Im Jahre 1898 machte Herr Hasemann das „Thalia-Theater" wieder zu einem echten Possentheater und gewann den Komiker-Nestor Emil Thomas für sein Ensemble.

Das Residenz-Theater
wurde im Jahre 1871 in der Blumenstraße erbaut und hieß anfangs Nowacktheater. Es sank bald zu Bedeutungslosigkeit herab, nachdem Nowack und Engel den Versuch gemacht hatten, der Oper auf ihrer Bühne eine neue Heimstätte zu bieten. Unter der Direktion Anno hob sich das

Theater wieder, aber der neue Leiter ging bald in das Schauspielhaus über. Der Direktion Rosenthal folgte im Jahre 1876 die Direktion Emil Claars, welcher mit Keppler, Frau Claar-Delia, Brockmann u. s. w. große Erfolge erzielte. Als Emil Claar im Jahre 1879 als Intendant nach Frankfurt a. M. berufen wurde, übernahm Baron von Schimmelpfennig, Gatte der Mallinger, die Leitung des Residenz-Theaters. Aber er mußte bald zurücktreten. Kurze Zeit darauf führte Keppler die Direktion, und während dreier Jahre Emil Naumann, unter dem es sank. Direktor Anno hob mit seinem trefflichen Ensemble, das aus Frau Frohn-Anno, Franz Wallner, Pansa, von Hozar u. s. w. bestand, das Theater zu neuem Ansehen. Dann übernahm Sigmund Lautenburg die Direktion, nachdem das Theater im Jahre 1894 vom Baumeister Seeling renoviert worden war, so daß der Zuschauerraum etwa 700 Personen faßt. 1897 schied Direktor Lautenburg aus, die Direktion übernahm Theodor Brandt. Das Residenztheater pflegt mit Vorliebe und Erfolg den Pariser Schwank und das französische Sittenbild; R. Alexander ist seine Hauptstütze.

Das Alexanderplatz-Theater in der Alexanderstraße wurde im Jahre 1872 in der beginnenden Zeit der Theaterfreiheit von Quarg aus einem bescheidenen Tingeltangel in ein Theater verwandelt. Er gab erst Opern, ging dann zum Schauspiel rc. über. Im Jahre 1884 wurde das Gebäude umgebaut, so daß es nun 750 Personen faßt. Die jetzige Leitung hat Max Samst in den Händen.

Im Jahre 1877 wurde das
Ostend-(National)-Theater,
welches 1240 Personen faßt, mit „König Lear" in der Großen Frankfurter Straße eröffnet. Aber das klassische Repertoire mußte aufgehoben werden, da der Erfolg ausblieb. Die Direktion August Kurz, welche das Theater am 2. Oktober 1886 übernahm und u. a. Wildenbruchs „Das neue Gebot" und Nissels „Zauberin von Stein" brachte, verhalf ihm zu kurzem Aufschwung, doch wurde es den nachfolgenden Leitern nicht möglich, ein künstlerisches, gutes Volkstheater zu schaffen. Erst Direktor Witte-Wild, welcher das „Ostend-Theater" in „Volkstheater" umtaufte und es am 28. September 1888 neu eröffnete, schien das Glück günstiger zu werden, aber schon nach einigen Jahren trat auch er zurück. Sein Nachfolger Max Samst hat es nicht an Fleiß und redlichem Bemühen fehlen lassen. Er mußte darauf verzichten, nur das klassische Drama zu pflegen; dafür wurde das Theater, welches am 1. Oktober 1892 als „Nationaltheater" neu eröffnet wurde, für manche Dichter und Darsteller ein Zufluchtort, für die sich aus irgend welchen Gründen andere Bühnen verschlossen. Das Nationaltheater besitzt einen hübschen Garten und giebt zeitweilig auch Vorstellungen der „Freien Bühne." Der jetzige Leiter ist Carl Weiß.

In zeitlicher Reihenfolge schließt sich an das
Lessing-Theater
am Friedrich Karl-Ufer, welches von den Architekten Hennicke und v. d. Hude erbaut und am 11. September 1888 von dem Direktor Oskar Blumenthal

mit „Nathan dem Weisen" eröffnet wurde. Es war der erste, modernen Anforderungen entsprechende Theaterbau, dessen Bestimmung wesentlich die Vorführung von Werken zeitgenössischer dramatischer Litteratur sein sollte. Die innere Einrichtung, namentlich die Foyers, sind schön und praktisch. Der Zuschauerraum faßt 1024 Personen. Das Lessing-Theater führte zuerst Sudermanns „Ehre" auf; es folgten „Sodoms Ende" und „Die Heimat"; später brachte das Deutsche Theater die neuen Werke des Dichters zur Darstellung. Das „Lessingtheater" verfügte in den ersten Jahren seines Bestehens über ein vortreffliches Ensemble; es führte Stücke von Anzengruber, Heyse, Echeray, Sardou, Pailleron, Wilbrandt, Voß, Roberts und zuerst Ibsens „Nora" mit der Originalschlußscene auf.

Unter den zahlreichen Gastspielen hinterließ dasjenige der Eleonora Duse tiefe Nachwirkung. So hat das „Theater der Lebenden" manchen Poeten deutscher, französischer, italienischer und skandinavischer, dramatischer Dichtkunst gastlich die Thore geöffnet. Zu den hervorragendsten Darstellern gehörten Ferdinand Suske, Karl Waldow, Schönfeld, Klein, Nuscha Butze, Luise Dumont, Maria Reisenhofer u. s. w. Im „Lessingtheater" erschienen auch einige von Oskar Blumenthals eigenen dramatischen Erzeugnissen zum ersten Male. Von September 1898 ging die Direktion in die Hände Otto Neumann-Hofers über, der ein reiches Programm entwickelt hat und Shakespeares „Heinrich V." glücklich als Eröffnungvorstellung gewählt hatte.

Das Lessing-Theater.

Das „Metropol-Theater",

ursprünglich „Theater unter den Linden", wurde in den Jahren 1891—93 von den Architekten Fellner und Helmer auf einem Terrain erbaut, welches einen Wert von 6000000 Mark hat. Seine Vorderseite ist reich mit Figuren und Ornamenten geschmückt; durch zwei Thüren gelangt man in das Hauptvestibüle. Der große Theatersaal hat Platz für ungefähr 1600 Personen. Die Decke ziert ein Gemälde Veiths, „Einzug der heiteren Muse durch das Brandenburger Thor." Theatersaal und Bühne können — wie beim Königlichen Opernhause — zu einem großen Raum (umgewandelt) vereinigt werden. Am 24. September 1892 wurde das mit großer Pracht ausgestattete Theater eröffnet und zwar unter der Leitung der Gebr. Ronacher. Aus finanziellen Schwierigkeiten mußten sie zurücktreten. Die Direktion übernahm dann Eduard Binder, aber erst Julius Fritzsche, welcher als Leiter des Friedrich Wilhelmstädtischen Theaters auch das Theater Unter den Linden pachtete, gab der Bühne einen gewissen Aufschwung. Seit 1898 ist das „Metropol-Theater" in eine Gesellschaft mit beschränkter Haftung umgewandelt; Leiter ist Richard Schultz. Neuerdings pflegt es nur die Operette.

Das neue Theater

am Schiffbauerdamm wurde im Jahre 1892 erbaut und Mitte November desselben Jahres eröffnet. Das „Neue Theater faßt 821 Personen, und gleicht einem kleinen Schmuckkästchen. Von 1893 bis jetzt führte Sigmund Lautenburg die Direktion, welcher auch, von Glück begünstigt, bis 1898 das Residenztheater leitete und meist die französische Komödie pflegte. Von Oktober 1898 ab übernahm Frau Nuscha Butze-Beermann das „Neue Theater" und entwickelte ein einsichtvolles Programm.

Das Luisen-Theater
in der Reichenbergerstraße, welches besonders das Volksstück pflegt und für 1200 Personen Raum hat, wurde erst 1897 in seiner jetzigen Gestalt mit seiner praktischen Anlage seinem Zwecke übergeben.

Die Leitung hat gegenwärtig Richard Anger in den Händen. Neuerdings ist es auch zum klassischen Repertoir übergegangen und es entwickelte sich vorteilhaft.

Das Theater des Westens,
in den Jahren 1895—96 vom Baumeister Bernhard Sehring nach eigenen Plänen erbaut, umfaßt ein Grundstück von 1000 Quadratruten und faßt 1700 Personen. Es hat ein imposantes Aeußere; sein Inneres, mit den wundervollen Foyers, den reichen Deckenverzierungen und seinem Lichtmeer, wirkt märchenhaft. Zudem besitzt es einen schönen Sommergarten. Es ist das jüngste der Berliner Theater, wenn wir Charlottenburg zu der Reichshauptstadt hinzurechnen, hat aber wohl die schmerzensreichste Geschichte leider zu verzeichnen.

Sein erster Leiter war unseligen Andenkens P. Blumenreich. Dann folgte als artistischer Direktor allein Max Hofpauer. September 1897 übernahm Intendant Aloys Prasch, der umsichtige Leiter des Berliner Theaters, neben Hofpauer auch die Direktion des von ihm neu benannten „Goethetheaters". Zu der Umwandlung des früheren Namens war die Pietät für den Dichterfürsten

Theater des Westens.

bestimmend gewesen, dessen Namen neben Lessing und Schiller ebenfalls einen Musentempel Berlins füglich zu zieren hat. Intendant A. Prasch hatte mit dem trefflichen Ensemble seines „Berliner Theaters" vielverheißend im Goethe-Theater begonnen, trat aber zum Herbst 1898 wieder zurück, und Max Hofpauer führte von da ab allein die Leitung des in ein zweites Opernteater verwandelten Theaters des Westens.

Die Freie Bühne.

Bei Aufzählung der Theater Berlins dürfen wir mit Rücksicht auf die Theater- und Kulturgeschichte die „Freie Bühne" nicht vergessen, welche unstreitbare Erfolge aufzuweisen hat. Der Bühnenverein „Freie Bühne" wurde im Jahre 1889 begründet, um der modernen realistischen Richtung in der dramatischen Litteratur eine feste Stütze zu leihen. Maximilian Harden, Paul Schlenther und Otto Brahm gaben zu ihrer Begründung die Anregung. Anfangs fanden die Vorstellungen monatlich statt, doch nur vor Mitgliedern des Vereins und nicht in eigenen Häusern, sondern es wurden dafür stehende Theater gemietet.

Die Freie Volksbühne

wurde im März 1890 unter Führung Bruno Willes begründet und zwar zu dem Zwecke, dem Volke die Bekanntschaft mit der dramatischen Litteratur moderner Richtung zu vermitteln. Mitglied konnte derjenige werden, welcher einen Beitrag von monatlich 50 Pf. zahlte. Die Verteilung der Plätze erfolgte durch das Los. Im Jahre 1892 brach eine Spaltung in der „Freien Volksbühne" aus, Bruno Wille schied aus, und man begründete eine

Neue freie Volksbühne.

Beide Vereine haben viele Freunde und Anhänger. Zu erwähnen sind unter den „Freien Bühnen" endlich auch noch der Verein

Probebühne,

begründet 1895, welcher Vorstellungen im Centraltheater giebt, ferner die

Gesellschaft deutscher Dramatiker,

welche ebenfalls Erstaufführungen von Novitäten in die Hand nimmt.

Eine vaterländische Sommer-Volksbühne in der Märkischen Schweiz beabsichtigt ein Berliner Verein nach dem Muster der freien Bühnen in Berlin zu errichten. Dieselbe ist gedacht als nationales Gegenstück zu den Oberammergauer Passionsspielen und soll zunächst in einer Folge von Schauspielen die Besiegung der Wenden und die Einführung der deutschen Kultur in der Mark Brandenburg unter den Markgrafen aus dem Hause Ballenstedt zur Darstellung bringen. Auch in Berlin selbst, namentlich im Viertel der Potsdamer Straße, wird die Begründung eines neuen Theaters mit mäßigen Eintrittspreisen und echt künstlerischem Programm erstrebt.

Kapitel VI.

Spezialitäten-Theater. Schlußbetrachtung.

Außer den erwähnten stehenden Theatern, die für die Theatergeschichte spezieller in Betracht kommen, giebt es in Berlin noch eine Reihe von Bühnen, welche Possen und Operetten, mit Spezialitäten untermischt, bringen, so das „Volkstheater" in der Dresdenerstraße, der Wintergarten des Centralhôtels in der Dorotheenstraße, das Edentheater in der Reichenbergerstraße, das Budapester Possen- und Operettentheater am Bahnhof Alexanderplatz, das American-Theater in der Dresdenerstraße, das Gebrüder Richter-Theater in der Lothringerstraße, das Moabiter Stadttheater, das Ausstellungstheater in der Hasenhaide. Puhlmanns Sommertheater in der Schönhauser Allee, das Pratertheater in der Kastanien-Allee, der Feenpalast an der Börse, Quargs Vaudeville-Theater am Alexanderplatz, das Reichshallentheater in der Leipzigerstraße, das Apollotheater in der Friedrichstraße, W. Noacks Sommertheater in der Brunnenstraße, das Olymphia-Riesentheater in der Karlstraße und das „Floratheater" in Charlottenburg. Für die Kulturgeschichte ist auch die Existenz dieser Bühnen lehrreich. Sie zeigen, welcher Gestalt die Neigung eines

Teiles der Berliner Bevölkerung war, die am Schlusse des
19. Jahrhunderts über 1³/₄ Millionen betrug. Sie legen
aber auch einen deutlichen Beweis dafür ab, daß, wie
zur spätrömischen Zeit, die Kunst Gefahr läuft, sich in
Spezialitäten aufzulösen. Von der idealen Auffassung,
daß das Theater eine Stätte der Volksbildung, nicht
nur der sinnlichen Belustigung sei, scheint ein Teil des
Publikums immer mehr abzukommen. Die Neigung zum
Realismus bekunden Mimus und Pantomismus, welche
dem Auge vieles, dem Geiste wenig bietet. Mit sinnlichem
Behagen schaut man dem weichlichen Tanzspiele zu;
für die innerliche Erfassung des Gedankeninhalts eines
Dramas geht gewissen Schichten des Volkes schon die
Neigung ab. Wem die Erhaltung der Volkssittlichkeit
am Herzen liegt, wird die drohende Gefahr erkennen
müssen. Wehe, wenn das Theater seiner idealen Bedeutung beraubt und zu einem Werkzeug sinnlicher und
die Leidenschaften aufreizender Unterhaltung herabge-
würdigt wird! In solcher Stickluft fehlt der Raum für
den freien und hochstrebenden Flügelschlag des dichterischen
Genius. In solcher Zeit wird sich nie das volkstümliche Drama der Zukunft entwickeln können. Wir
brauchen aber eine nationale Dichtung, nicht so sehr
dem Stoffe, als dem Geiste nach. Unter den gegenwärtigen Strömungen: den Nachahmern des Klassizismus (Epigonen) und den Naturalisten tritt die neue
national-volkstümliche Richtung nur erst schüchtern
hervor.

Wir können keine Mäcenatenwirtschaft für unsere
Kunst und unser Theater wünschen, aber es kann
beiden nur zum Heile gereichen, wenn der Herrscher

die echte und die wahre Kunst von der Afterkunst wohl zu unterscheiden weiß. Er kann der nationalen volkstümlichen Kunst, deren wir so sehr bedürfen, freie Bahnen öffnen.

Doch kehren wir von diesen Erörterungen, wozu uns die vielen kleinen Possen-, Operetten- und Spezialitäten-Theater veranlassen, zu einer kurzen Zusammenfassung der Entwickelung der Berliner Theatergeschichte zurück. Es ist ein großes, interessantes Kulturgemälde, das sich unseren Blicken entrollte, von den bescheidensten Anfängen der Wanderbühne bis zu den zahlreichen stehenden Theatern in der Reichshauptstadt. Freilich, das hat uns die Geschichte gelehrt, daß das Theater, namentlich die seit der Mitte des 19. Jahrhunderts schnell emporgewachsenen Privatbühnen, noch allzusehr der Beständigkeit, der Beharrlichkeit ermangeln; wir gewahren vielfach ein Tasten und einen unruhigen Wechsel in den Leitungen und in den Künstlern. Mag der Wettbewerb, der eiserne Kampf um die Existenz ein Großes dazu beitragen; manches deutet auch darauf hin, daß wir in der Geschichte unseres verhältnismäßig noch jungen deutschen Theaters einen Höhepunkt noch vor uns haben. Und für unsere Reichshauptstadt dürfen wir bei allem schon errungenen Großen und Schönen auch sicher darauf hoffen.

Es bleibt für den Forscher immer eine mißliche Sache, die politische Geschichte, die Litteratur- und Theatergeschichte der Gegenwart zu schreiben, wie es in unserer hastenden, schnell mit dem Urteil fertigen Zeit, die den horazischen Worten: Nonum prematur in annum längst lächelnd den Rücken gekehrt, immer üblicher geworden ist. Wir haben uns daher, eingedenk der Schwierigkeiten und unserer bescheidenen Kräfte, auch nur entschließen können, ein Bild der „Berliner Theatergeschichte" in seinen Grundzügen zu entwerfen, um unseren Nachfolgern die Wege zu weisen, auf denen sie zu wandeln haben. Es ist immer ein gewagtes Unterfangen, mit ehernem Griffel das geistige und persönliche Bild einer hervorragenden Persönlichkeit, über welche die Akten noch nicht abgeschlossen sind, und für dessen Grundierung und Ausgestaltung sich der Forscher, Aesthetiker und Psycholog zu dem Entwirren von hundert verschlungenen Fäden noch veranlaßt sieht, in die Blätter der Geschichte eintragen zu wollen. Es wäre eine Anmaßung, nicht dem „Fertigen", dem „Gewordenen", sondern dem „Werdenden" schon den Stempel eines abschließenden Urteils aufprägen zu wollen; nicht den oft verborgen liegenden Zeichen nachzuspüren, ob sich eine Entwickelung in auf- oder absteigender Linie befindet. Jedes Jahrhundert, jede größere kultur- und litteraturgeschichtliche Zeit, hat seinen besonderen Charakter, einen durch seine führenden Geister, durch das Zusammenwirken und das Zusammentreffen hervorragender Ereignisse so spezifisch besonderen Charakter, daß der Eingeweihte oder der gern Schematisierende diese Eigentümlichkeit mit einem landläufigen Stichworte bezeichnen könnte. Jede Aera in der Geschichte jedes selbständigen, größeren Theaters hat nicht minder ihr eigentümliches, ihr individuelles Gepräge, das von außen durch kulturelle Zustände oder durch die jeweiligen

Litteraturströmungen — Klassizismus, Romantik, Realismus, Naturalismus u. s. w. — von innen durch die geistige Physiognomie und Totalität seines Leiters mehr oder weniger beeinflußt wird.

Die Theatergeschichte ist eins der vielen Einzelgebiete der Sitten- oder Kulturgeschichte, wie jene wieder in engster Beziehung zur Geschichte der Litteratur, besonders der dramatischen Dichtkunst und zur Geschichte der Schauspielkunst, steht.

Auch das Geistes-, das Kulturleben ist der Mode und dem Wechsel unterworfen, und die Geschichte des Berliner Kunst- und Geisteslebens zeigt in ihren verschiedenen Epochen solche Wandlung als eine der bemerkenswertesten Thatsachen. Es ist sicher, daß die Reichshauptstadt heute eine andere Physiognomie darbietet, als etwa kurz vor 1870/71, geschweige denn vor 100 Jahren; nicht allein in ihrer rapiden Entwickelung und äußeren Vergrößerung, sondern vor allem in kultureller, in geistiger Hinsicht. Wir gehören nicht zu den Kleinmütigen und Skeptikern, die unserer heutigen Zeit die Signatur des Epigonentums, ja der Decadence überall aufdrücken möchten. Wir wissen überall den Keim zum Wertvollen aus der Hülle herauszuschälen.

Am Ende des 19. Jahrhunderts besitzt Berlin noch eine stattliche Reihe von hervorragenden Dichtern und Schriftstellern. Diejenigen, welche der realistisch-naturalistischen Richtung angehören, sind überwiegend und haben noch in der Zeitströmung festen Rückhalt.

Glänzende Nummern haben auch die Berliner Maler und Bildhauer aufzuweisen.

An hervorragenden Tonkünstlern ist Berlin um die Wende des 19. Jahrhunderts am ärmsten.

Reicher ist die Metropole an vortrefflichen Gelehrten; sie sind neben den hervorragenden Parlamentariern allgemein bekannt.

Auch eine stattliche Schar glänzender Bühnenkünstler und -künstlerinnen nennt Berlin, wie wir sahen, sein Eigen.

Rechnen wir noch dazu die großartigen Leistungen des Journalismus, der weitverzweigten Presse, die nicht nur ein wichtiger Faktor für die öffentliche Meinung, sondern, von einigen Auswüchsen abgesehen, auch für unsere Kunst und Theaterkritik ist, so dürfen wir sagen, daß die Reichshauptstadt am Ende des 19. Jahrhunderts eine große Summe von Intelligenz in sich birgt, daß das geistige Leben Berlins hoch entfaltet ist und einer Athene Promachos gleich siegreich im Kampfe die Welt zur Bewunderung zwingt.

Von Otto Weddigen erschien ferner:

1. **Etude sur la composition** de la chanson de Roland Schwerin 1874.
2. **Lessings Theorie der Tragödie** mit Rücksicht auf die Kontroverse über die κάθαρσις τῶν παθημάτων. Berlin 1877. Haude und Spener.
3. **Geistliche Oden und Lieder** von P. F. Weddigen. 4. Aufl. Herausgegeben Leipzig 1879. Verlag von Ph. Reclam.
4. **Die patriotische Dichtung** von 1870/71. Essen und Leipzig 1880. Verlag von Alfred Silbermann.
5. **Die Hohenzollern und die deutsche Litteratur.** Düsseldorf 1883.
6. **Lord Byrons Einfluß auf die europ. Litteraturen** der Neuzeit. Hannover 1883.
7. **Das Wesen und die Theorie der Fabel und ihre Hauptvertreter in Deutschland.** Leipzig 1893. Rengersche Buchhandlung.
8. **Der deutsche Meistergesang.** Berlin 1894. Verlag von Friedberg und Mode.
9. **Geschichte des Königlichen Theaters in Wiesbaden.** Wiesbaden 1894. Verlag von C. Schnegelberger & Co.
10. **Geschichte der Einwirkungen der deutschen Litteratur auf die Litteraturen der übrigen europäischen Kulturvölker der Neuzeit.** 2. Ausgabe. Leipzig 1895. Verlag von Otto Wigand.
11. **Geschichte der deutschen Volksdichtung.** 2. Auflage. Wiesbaden 1895.
12. **Geschichte der Berliner Theater.** Berlin 1899.
13. **Das Buch vom Sachsenherzog Wittekind.** Minden 1883. J. C. C. Brun's Verlag.
14. **Der Sagenschatz Westfalens.** Minden 1884. J. C. C. Brun's Verlag. 2. Aufl. in Vorbereitung.
15. **Westfalen, Land und Leute in Wort und Bild.** Paderborn 1896.
16. **Von der roten Erde.** Paderborn 1898.

Im Verlag von Rob. Friese Sep.-Cto., Leipzig erschienen:

Otto Weddigen's Werke.

✱

- Bd. 1. **Gedichte.** Mit dem Bildnis des Verfassers. 2. Aufl. Gesamtausgabe. geh. 3.— geb 3.75.
- Bd. 2. **Kinderlieder.** 2. Aufl. Gesamtausg. geh. 1.50 geb. 2.—
- Bd. 3. **Sprüche u. Aphorismen.** 2. Aufl. Gesamtausgabe. (Erscheint nächstes Jahr).
- Bd. 4. **Fabeln u. Parabeln.** 4. Aufl. Gesamtausgabe. geh 1.50 geb. 2.—.
- Bd. 5. **Epische Dichtungen.** 2. Aufl. Gesamtausgabe geh. 2.— geb. 2 50.
- Bd. 6. **Theater, dramatische Dichtungen.** 2. Aufl. Gesamtausgabe geh. 6.— geb. 7.—
- Bd. 7. **Märchen.** 4. Aufl. Gesamtausg. geh. 3.— geb. 3.50.
- Bd. 8. **Westfälische Dorf- und Stadtgeschichten.** 2. Aufl. Gesamtausgabe.*
- Bd. 9. **Novellen und Erzählungen.***
- Bd. 10. **Romane.***

* Erscheinen später.

Jeder Band ist auch einzeln käuflich und bildet ein für sich abgeschlossenes Ganze.

Zu beziehen durch jede Buchhandlung des In- und Auslandes.

Weddigen's Theater, dram. Dichtungen, enthält:

Charlotte Corday, Trauerspiel in 5 Akten.
Mydia, Trauerspiel in 5 Akten.
Kaiser Joseph II. Trauerspiel in 5 Akten.
Ferd. Stein, Trauerspiel in 5 Akten.
Donna Rodriga, Schauspiel in 5 Akten.
Schein und Sein, „ „ 3 Akten.**
Auf falscher Spur, Lustspiel in 1 Akt.
Leidenschaften oder 1 Jahr in der Reichshauptstadt, Lustspiel in 3 Akten.
Auf dem Heiratsbureau, Lustspiel in 1 Akt.

** Auch apart zu haben 1.— Mk. ord.

Im Verlag von Fredebeul & Koenen in Essen erschien:

Schmid Mimer, Märchendrama in 5 Akten.